연약한 목사,
능력의 그리스도

연약한 목사, 능력의 그리스도

초판 인쇄	2024년 11월 26일
초판 발행	2024년 12월 2일
지 은 이	르우벤 브레덴호프
옮 긴 이	박광영
발 행 인	이기룡
발 행 처	생명의양식
등록번호	서울 제22-1443호(1998년 11월 3일)
주 소	서울시 서초구 고무래로 10-5(반포동)
전 화	02-533-2182
팩 스	02-533-2185
홈페이지	www.edpck.org

Copyright ⓒ2021 by Reuben Bredenhof
Originally published in English under the title
Weak Pastor, Strong Christ: Developing a Christ-Shaped Gospel Ministry
by Reformation Heritage Books, Grand Rapids, MI, USA.

This Korean edition is translated and used by permission of Reformation Heritage Books through rMaeng2, Seoul, Republic of Korea.

This Korean Edition ⓒ 2024 by Bread of Life Ltd., Seoul, Republic of Korea.

고린도후서의
목회사역

연약한 목사,
능력의 그리스도

르우벤 브레덴호프 지음
박광영 옮김

제가 목사가 되기까지 설교해주시고,
가르쳐 주시고, 돌봐주신 목사님들께
감사의 마음을 담아 이 책을 바칩니다.

제임스 비셔 목사님(Rev. Dr. James Visscher)
잭 모에스커 목사님(Rev. Jack Moesker)
고(故) 클래런스 스탐 목사님(Rev. Clarence Stam)

목차

감사의 글 … 10

서론	목회사역의 모델 찾기	… 15
제1장	압박 속에서 목회하기	… 25
제2장	목회자의 정체성	… 39
제3장	아버지의 마음으로 목회하기	… 59
제4장	그리스도의 영광을 위하여 설교하기	… 87
제5장	쏟아지는 비판 앞에 서기	… 111
제6장	현명한 재정관리	… 131
제7장	자발적인 고난	… 155
제8장	목표가 있는 목회	… 179
끝맺는 말	1세기에서 오늘로 여행	… 199

참고도서 … 207

한국 독자를 위한 서문

고린도후서가 목회를 위한 교훈을 담고 있다고 생각하는 사람은 많지 않습니다. 보통은 디모데전서와 디도서 같이 잘 알려진 목회서신이나, 복음서에서 목회에 대한 교훈을 찾으려고 합니다. 그러면 고난의 목록, 이상한 형태의 자랑, 격렬한 논쟁으로 알려진 고린도후서에서 우리는 목회에 대해 무엇을 배울 수 있을까요? 언뜻 보기에는 별로 없어 보입니다.

그러나 저는 바울이 고린도 교인들에게 남긴 고린도후서를 통하여 목회자들이 배울 수 있는 교훈이 많다고 확신합니다. 저는 목회 사역 속에서 고린도후서 속에 목회자 바울로부터 많은 것을 배울 수 있었습니다.

고린도후서에서 사도 바울은 새 언약의 일꾼이 된 것이 얼마나 큰 특권인지 말합니다. 그는 자신의 영적 자녀인 고린도 교회를 향하여 아버지의 깊은 사랑을 가지고 있었습니다. 그는 그들의 영적 성장을 위해 기꺼이 고난을 포함하여 모든 것을 감수할 수 있다고 강조합니다. 바울은 또한 잘못된 동기를 가지고 사역하면서 그를 반대하는 사람들의 부당한 비판에 맞서서 자신을 변호합니다. 바울은 목회자로서 하나님의 의가 되신 그리스도의 영광을 계속해서 그들에게 헌신적으로 외쳤습니다. 바울은 고린도에 있는 양떼들이 그리스도께서 다시 오시는 날에 모든 면에서 기뻐할 준비가 될 수 있기를 바라보면서 목회하였습니다.

고린도후서는 지금으로부터 거의 2,000년 전에 성령의 감동으로 쓰였지만, 이 안에는 시대를 초월하여서 오늘날의 목회사역을 위해서도 꼭 필요한 진리가 풍부하게 담겨 있습니다. 문화적 배경과 세대에 상관없이 목회자는 그리스도를 전파하고, 사람들을 사랑하고, 사람들의 칭찬을 조심하고, 복음을 위해 자신을 쏟아 부어야 합니다. 이것이 목회자의 기본 자세입니다. 하나님은 그분의 충분한 능력과 은혜를 드러내시기 위하여 도리어 우리 목회자들의 연약함을 사용하실 수 있습니다. 그러므로 자신의 연약함을 인정하는 일을 주저할 필요가 없습니다.

이 책을 한국어로 번역하기 위하여 수고해 준 박광영 목사의 열정에 큰 감사를 드립니다. 그는 현재 온타리오주 리치몬드 힐에 있는 벧엘 캐나다 개혁교회에서 선교 사역을 하고 있습니다. 또한, 고신 교회의 출판사인 생명의 양식과 함께 원 출판사인 미국 미시간주 그랜드래피즈에 있는 리폼 헤리티지 북스(Reformed Heritage

Books)에도 감사를 드립니다. 그리고 무엇보다도 이 번역이 결실을 맺을 수 있도록 인도하신 하나님께 감사드립니다. 목회사역을 위한 바울의 교훈이 한국에서 그리스도와 그의 교회를 위해 수고하는 모든 형제 목회자들에게 도움이 되기를 기도합니다.

르우벤 브레덴호프 박사
캐나다 개혁신학교 목회선교학 교수

감사의 글

　　새로운 책에 대한 아이디어는 오랫동안 다듬어지는 과정이 필요합니다. 저는 2009년 캐나다 앨버타주에 있는 세인트 앨버트(St. Albert)에서 처음으로 목회를 시작하였습니다. 목회를 하면서도 저는 계속하여 신학을 공부하였고, 신약신학 전공으로 석사학위(M.Th)를 취득하였습니다. 그때 저는 처음으로 이 책을 구상하였습니다. 저는 고린도후서에서 바울과 고린도 교인들과의 관계, 특히 바울이 고린도후서에서 묘사한 목회자와 성도 간의 유대를 주제로 논문을 작성하였습니다. 이 논문은 신약성경을 향한 사랑과 목회의 특권을 받은 목회자로서 감사가 결합된 열매입니다. 고린도후서에서 목회자로서 바울을 발견하고, 연구하여 글을 쓸 수 있었던 몇 달 동안 정말 행복했습니다. 그렇게 논문을 쓰고, 학위를 받은 이후 제게 새로운 계획이 생겼습니다.

제 아내 레베카는 고린도후서에 대해 연구한 작업을 책으로 만들어 보자고 제안하였습니다. 그녀는 언제나 제게 좋은 아이디어를 제시해주었습니다. 저도 그녀의 제안에 공감하였지만, 이후 10년 동안 실행에 옮기지는 못하였습니다. 하지만, 하나님의 섭리 가운데 저는 다시 제 논문을 꺼내서 읽고, 이를 책으로 만드는 작업을 시작하게 되었습니다. 학술 논문을 읽기 쉬운 책으로 바꾸는 작업은 생각보다 훨씬 더 어려웠습니다. 그러나 그 작업을 하는 동안 행복했습니다. 그리고 하나님의 은혜 속에 저는 결국 이 책을 완성할 수 있었습니다.

저는 이 책을 집필하는 동안 다시 한번 고린도후서에 담긴 아름다운 진리, 강력한 복음, 목회사역에 대한 교훈을 돌아볼 수 있어서 감사했습니다. 그러나 저는 이미 모든 답을 찾은 목회자로 이 책을 쓴 것은 아닙니다. 저 또한 지금도 여전히 매일 강하신 그리스도를 의지해야만 하는 연약한 목회자입니다. 그래서 겸손한 마음으로 이 책을 썼습니다.

늘 그래왔듯이 제 아내 레베카는 이 책을 저술하는 동안 큰 힘이 되어 주었습니다. 저와 늘 함께 있으면서, 모든 원고를 꼼꼼하게 읽어주고, 조언을 해주었습니다. 특별히 오래 전에 이 책을 출판할 수 있도록 아이디어를 준 그녀에게 사랑을 담아 감사를 표합니다. 또한 항상 아빠에게 통찰력 있는 제안과 따뜻한 격려를 아끼지 않는 딸들인 아비가일(Abigail), 키라(Kyra), 사샤(Sasha), 토리(Tori)에게 고맙습니다. 그녀들이 이 책을 세심하게 살펴 주었습니다. 또한 이 책의 초고를 교정하는 데 많은 시간을 할애해 준 우리 교회의 매럴린 드 보스(Marlene de Vos)에게도 깊은 감사를 표합니다. 그리고 제 원고를 읽고, 조언을 해 준 친구들과 동료들에게도 감사의 말을 전하고 싶습니다. 악셀 해그 목사(Rev. Axel Hagg), 오동우 박사(Dr. DongWoo Oh), 비에스테 후이젠가 목사(Rev. Wieste Huizenga), 그들의 지혜롭고 사려 깊은 질문과 조언 덕분에 이 책이 더 좋아졌습니다. 마지막으로, 리포메이션 헤리티지 북스(Reformation Heritage Books)의 제이 콜리어 박사(Dr. Jay Collier)의 도움을 받고 출판할 수 있어서 기뻤습니다. 교정과 편집을 담당해주신 드류 맥기니스 박사(Dr. Drew McGinnis)께 감사드립니다.

고린도후서에서 얻은 목회사역에 대한 교훈이 이 책을 읽는 모든 분들에게 복이 되기를 바랍니다!

서론

목회사역의 모델 찾기

내가 그리스도를 본받는 자가 된 것 같이
너희는 나를 본받는 자가 되라
(고전 11:1)

•

신학교를 졸업하고 캐나다 앨버타 중부의 한 교회에서 목회사역을 시작했을 때 제 나이는 27살이었습니다. 수년 간의 신학 공부와 훈련을 거쳐 드디어 목사로 청빙을 받고 목회사역을 시작하였습니다. 그때 저는 새로운 교회와 목회사역에 대한 설렘이 있으면서 동시에 새로운 목회에 대한 불안함이 가득했습니다. 제가 앞으로 제대로 목회사역을 하려면 어떻게 해야 하는지 두려운 마음이었습니다. 저는 신학을 공부하기 시작할 때부터 제가 목회자로서 합당한 인격과 역량을 가지고 있는지 확신하지 못하였습니다. 그러한 오랜 불안이 새로운 목회지를 향하여 나아갈 때에도 다시 제 안에서 되살아나기 시작하였습니다. 신학교에서 신학을 배우고, 성경 주해와 설교, 교회사 등 많은 지식을 배웠지만, 목회 현장 앞에서 저는 여전히 어떻게 좋은 목회자가 되어서 교인들을 잘 목양할 수 있을지 궁금했습니다. 어떻게 제게 맡겨진 교회에서 신실하게 목회사역을 감당할 수 있을까요?

그런데 이 질문은 교회 속에서 낯선 질문이 아닙니다. 교회에는 언제나 성도들을 돌보는 직무를 감당하는 사람들이 있었습니다. 감독, 장로, 목사로 불리는 이 사람들은 항상 자신을 성찰하며, 목회사역을 더 잘 할 수 있도록 배울 필요가 있었습니다. 초대 교회 시대에도 사도 바울은 성도들을 돌보는 직무를 맡은 디모데와 디도에게 목회사역에 대한 교훈을 담아서 목회서신을 보냈습니다. 특히 디모데는 자신이 목회자로서 적합한지에 늘 망설이며 두려워하였던 것 같습니다. 그런 디모데에게 바울은 "누구든지 네 연소함을 업신여기지 못하게 하고 오직 말과 행실과 사랑과 믿음과 정절에 있어서 믿는 자에게 본이" 되라(딤전 4:12)고 격려하였습니다. 바울은 목회서신을 통해 디모데와 디도에게 사역자의 자격, 직무 및 태도를 가르쳤습니다. 그렇게 바울은 디모데와 디도가 여러 가지 목회적 도전들 속에서도 사역을 잘 감당할 수 있도록 훈련시켰습니다.

그동안 많은 그리스도인들은 바울의 목회서신을 통해 목회사역에 대한 교훈을 배울 수 있었습니다. 그러나 바울의 다른 서신들에 담겨있는 목회에 대한 교훈들은 그동안 상대적으로 주목을 받지 못하였습니다. 목회서신이라는 이름 자체에서 목회에 대한 교훈을 강조하고 있기에 목회자들이 목회서신에서 목회사역에 대한 교훈을 찾는 것은 당연한 일인지 모릅니다. 게다가 바울 사도는 한 지역교회의 목회자라기 보다는, 선교사로서 여러 지역을 순회하며 교회를 개척하는 사역을 했기 때문에 바울의 다른 서신에서는 목회사역에 대한 가르침이 많지 않을 것이라 생각할지 모릅니다.

그러나 바울의 사역을 자세히 들여다보면 그는 전도자이자 신학자였을 뿐 아니라 목회자였습니다. 신약 성경을 자세히 들여다보면 바울은 분명히 복음을 듣고 회심한 기독교인들의 지속적인 영적 돌봄에 관심을 갖고 있었습니다. 당시 여러 교회에서 바울의 전도사역, 선교 사역은 목회사역과 결코 분리할 수 없습니다. 바울은 항상 사람들에게 그리스도를 전하는 사역과 그리스도 안에서 신자들을 양육하는 사역을 병행하였습니다.

바울은 어떻게 목회를 했을까요? 그는 다양한 방법으로 목회를 하였는데, 때로는 교회를 직접 방문하거나 또는 자신을 대신할 누군가를 교회로 보냈습니다. 특별히 자신이 교회를 직접 방문할 수 없을 때에는 편지를 보내어 목회적 돌봄을 지속하였습니다. 그래서 우리는 바울 서신 안에서 초대 교회가 직면한 여러 가지 신학적, 윤리적 도전에 대한 분명한 신학적 진리를 알 수 있을 뿐만 아니라 바울이 교인들을 어떻게 지도하고, 권면하였는지도 배울 수 있습니다. 따라서 목회서신뿐만 아니라 바울의 다른 서신들을 통해서도 우리는 목회사역에 대한 교훈을 얻을 수 있습니다.

이것이 우리가 고린도후서를 통하여 목회적 교훈을 살펴보려는 이유입니다. 고린도후서는 바울 서신 중에서 바울의 개인적인 감정과 성격이 가장 잘 드러나는 성경입니다. 이를 통해 우리는 바울과 고린도 교회와의 관계가 어떠하였는지 알 수 있습니다. 바울과 고린도 교회는 표면적으로 서로를 존중하고 사랑하는 것처럼 보이지만, 그 안에는 긴장과 갈등이 있었습니다. 고린도후서에서 바울은 고린도 교회에 간청하고, 경고하며, 그들을 가르치고, 꾸짖고, 또한 때로는 격려하였습니다. 그런데 고린도 교인들은 바울의 헌신에 대해 불신하는 듯한 태도를 보여줍니다. 그들은 바울보다 겉모습이 화려한 교회 지도자들을 더 좋아하였고, 유창하게 말하거나, 더 신비한 종교적 경험을 보여주는 자들을 따랐습니다.

이러한 문제들 때문에 바울은 자신이 고린도 교회를 섬기는 태도와 그의 목회사역에 대하여 변호합니다. 고린도후서에서 그는 자신의 인격과 행동에 대해서 사과를 합니다. 동시에 바울은 이 편지에서 고린도 교회를 향한 그의 변함없는 헌신을 보여줍니다. 바울은 당면한 여러 가지 문제에도 불구하고 고린도 교인들을 가르치고, 경고하고, 격려하고, 칭찬하면서 그리스도 안에서 고린도 교회에 대한 그의 기쁨과 사랑을 드러냈습니다. 바울은 그들의 목회자로서 고린도 교인들이 그리스도 중심적인 그의 신학을 진심으로 이해하기를 소원하였습니다.

앞으로 우리는 고린도후서가 보여주는 바울과 고린도 교인들의 목회적 관계에 대해 살펴볼 것입니다. 특별히 바울이 목회자로서 특권과 의무를 고린도 교인들에게 직접적으로 말하는 부분에 주목할 것입니다. 바울은 고린도후서에서 여러 가지 인상적인 이미지를 통하여 고린도 교인들을 향한 목회자로서 관심과 애정을 드러내려고 노력하였습니다. 고린도 교인들을 향한 바울의 마음 속 깊은 곳에 있는 사랑은 오늘날 목회자들에게 귀중한 모델이 될 것입니다.

물론 바울 시대와 우리 시대의 사회적, 문화적, 교회적 상황은 많이 다릅니다. 그러므로 1세기의 사역과 21세기의 사역을 무리하게 연결하여 해석하지 않도록 주의해야 합니다. 고린도후서를 통하여서 바울과 고린도 교인과의 관계를 살펴보면서 우리는 모든 인간관계가 필연적으로 그들이 속한 문화와 밀접하게 연결되어 있다는 점을 생각해야 합니다. 오늘날 우리 사회에서 인간관계를 맺을 때 서로에 대한 기대치는 사도 바울 시대의 그것과는 많이 다릅니다. 이는 오늘날 목회자와 교인 간의 관계와 고린도 교인들과 바울의 관계와는 다소 차이가 있을 수 있다는 의미입니다.

또한, 교회 역사 속에서 바울의 독특한 위치도 신중하게 고려해야 합니다. 바울은 오늘날에는 더 이상 존재하지 않는 사도라는 특별한 직분을 감당하였습니다. 이후 디모데와 디도와 같은 바울의 후배 목회자들은 초대 교회에서 감독의 직분을 가지고 사역하였습니다. 그러나 그 당시에 교회의 직분과 사역은 오늘날 우리 시대의 직분과 다소 차이있습니다. 또한 바울이 고린도 교인들을 목회할 당시에는 그를 권면할 수 있는 치리회도 없었습니다. 바울은 주어진 상황에서 적절하다고 생각되면 자신의 책임과 특권을 자유롭게 행사할 수 있었는데, 이는 오늘날의 목회자에게는 없는 자유입니다. 아마도, 하나님께서 그렇게 하신 이유가 있었을 것입니다!

고린도후서는 당시 고린도라는 특수한 도시 상황에 맞추어서 쓴 성경이기 때문에 이를 오늘날 교회에 그대로 적용할 수는 없습니다. 이 편지에서 바울은 자신의 사도 사역의 정당성을 변호하기 위하여 많은 노력을 기울입니다. 이러한 변증은 고린도후서 전체에 담겨있습니다. 또한, 바울은 후대에 이 서신을 읽을 교회 지도자들에게 직접적으로 교훈을 주려고 이 편지를 쓰지도 않았습니다. 따라서 고린도후서가 오늘날 교회의 독자들에게 직접적인 교훈을 제시하지 않는다는 점을 기억해야 합니다. 그러므로 고린도후서를 연구할 때 우리는 성경적인 해석의 원리와 한계를 늘 기억해야 합니다.

그러나 고린도후서의 목회적 교훈을 오늘날 현대 교회에 그대로 적용할 수는 없다 할지라도, 그 안에서 드러나는 핵심적인 교훈은 여전히 오늘날 현대 교회에도 그대로 적용할 수 있습니다. 바울과 고린도 교인들 사이의 관계와 오늘날 목회자와 회중들 사이의 관계에는 근본적인 연속성이 있기 때문입니다. 바울은 사도로서 독특한 역사적 역할을 가지고 있었지만, 그는 언제나 자신만이 교회에서 사역하는 것이 아니라 다른 하나님의 종들도 교회에서 함께 사역하고 있음을 알고 있었습니다. 그러므로 바울과 고린도 교인들과의 목회적인 관계에서 배울 수 있는 교훈이 또 다른 많은 하나님의 종들에게도 동일하게 진리가 될 수 있습니다.

고린도후서는 변증에 초점을 맞추고 있지만, 바울은 이 편지를 보내면서 또 다른 교회의 지도자들을 염두에 두고 있었습니다. 고린도 교회에는 바울을 시기하는 잘못된 지도자들이 있었습니다. 그들은 바울이 가르치는 목회자의 기준과는 동떨어져 있었습니다. 바울은 고린도 교인들이 이를 알기를 간절히 원하였습니다. 그런데 여기에서 우리는 바울이 모든 그리스도의 종들은 사도와 같은 태도로 목회사역에 임해야 한다고 생각하였음을 알 수 있습니다. 오늘날에도 목회자들은 사도들이 기록한 신약성경과 예수 그리스도의 복음을 가지고 사역을 하고 있으며, 동일한 하나님을 섬기고, 동일한 성령님의 능력을 받아서 사역합니다. 그러므로 오늘날 목회자들의 사역도 사도 바울의 사역과 연속성을 가지고 있습니다.

마지막으로, 고린도후서는 교회사 속에서 많은 존경과 찬사를 받는 사도 바울이라 할지라도 목회사역 현장에서는 많은 어려움이 있었음을 보여줍니다. 그는 두려움과 부담 속에서 사역을 하였으며, 개인적인 약점과 한계로 인하여서 좌절하였습니다. 고린도 교회에서 사도 바울은 오늘날 교회에서 목회하면서 자신의 부족함과 목회 현장의 문제들로 씨름하고 있는 목회자들에게 가장 현실적인 모델이 될 수 있습니다. 목회자들은 자신이 본받을 수 있는 모델이 필요합니다. 그런 의미에서 사도 바울은 오늘날 목회자들이 본받을 수 있는 모델입니다.

앞으로 우리는 1세기의 고린도의 상황과 바울이 그곳에서 사역할 때 직면했던 여러 가지 문화적 도전들을 살펴보고, 그것이 오늘날 목회자의 도전과 어떻게 비슷하고 다른지 자세히 살펴볼 것입니다(1장). 그런 다음 바울이 생각하는 목회자의 정체성과 역할에 대해 살펴볼 것입니다. 그리고 이를 오늘날 목회자의 정체성과 사역에 비교해볼 것입니다(2장). 또한 고린도후서에서 바울이 자주 사용하였던 아버지로서 목회자 개념을 살펴볼 것입니다(3장). 바울과 고린도 교인들 사이의 논쟁의 중심 영역은 설교에 관한 것이었으므로 바울이 설교자의 임무와 메시지에 대해 어떻게 가르치는지 살펴볼 것입니다(4장). 고린도후서는 바울이 여러 가지 비판에 시달렸음을 분명히 보여줍니다. 그래서 고린도 교인들의 비난과 비방에 대한 바울의 신중한 대응은 오늘날 모든 목회자들에게 교훈이 됩니다(5장). 바울은 재정 문제에 대한 고린도 교인들의 의혹과 불만에도 대응해야 하는데, 이는 오늘날 교회에도 필요한 교훈을 제시합니다(6장). 고린도후서의 첫 장부터 마지막 장까지 바울은 목회사역 중에 겪은 고난에 대해 이야기하며, 그리스도의 종이라면 목회사역에서 고난은 필수적인 것이라고 주장합니다(7장). 고린도후서는 반항적이고 냉담한 고린도 교인들 사이에서 사역을 하면서도 바울이 가지고 있었던 목표를 제시합니다. 바울은 고린도 교인들의 신앙이 성숙하고 온전함을 향하여서 성장하기를 간절히 소망하였습니다(8장). 그리고 마지막으로, 우리는 목회의 열매와 하나님의 은혜를 동시에 구해야 하는 목회자의 태도에 대해 묵상할 것입니다. 오직 하나님의 능력과 그리스도의 복음을 통해서만 우리 연약한 목회자들은 능력 있게 목회사역을 감당할 수 있습니다.

제1장

압박 속에서 목회하기

내가 너희를 근심하게 한다면
내가 근심하게 한 자 밖에
나를 기쁘게 할 자가 누구냐
(고후 2:2)

●

목회는 쉽지 않습니다. 목회자들이 예배나 세례, 신학적인 담론, 더 나은 성경 번역에 대해 토론한다면 여러 다양한 생각들이 있을 수 있지만, 목회가 쉽지 않다는 명제에 대해서는 모든 목회자가 동의할 것입니다. 목회자로 사는 것은 결코 쉽지 않습니다. 교회가 평안하고, 교인들이 설교에 은혜를 받으며, 사역에 특별한 어려움이 없고, 다음 세대들이 잘 자라는 것처럼 보일 때에도 목회는 결코 쉽지 않습니다. 목회자는 늘 자신의 부족함으로 인해서 자책하고, 교회를 더 잘 섬겨야 한다는 부담 때문에 고통을 받습니다. 그런데 더 많은 경우 목회자들은 목회 현장에 산적한 수많은 문제들 때문에 스트레스와 고민에 시달립니다. 예를 들어, 목회자의 전화나 문자를 거부하는 교인들이 있고, 주일마다 설교에 부관심한 교인늘이 앉아있는 것을 보는 것은 결코 쉽지 않습니다. 또한, 목회사역 중에 여러 가지 감정들이 불현듯 찾아와서 고통스러울 때도 있습니다. 때로는 매우 행복한 주일을 보낸 후 기쁨과 자신감에 들뜨기도 하지만, 반대로 목회 현장의 난관 앞에서 불안과 무력감에 시달리기도 합니다. 때로는 이대로 목회 현장에서 곧 탈진할 것 같다는 느낌이 들기도 합니다.

목회 현장의 여러 가지 도전 속에서 설교를 하고 계속하여 목회를 지속하는 것은 매우 고통스러운 일입니다. 때로는 교회가 사소한 논쟁이나 여러 가지 결정들로 극심한 분열을 겪기도 합니다. 사람들은 다 제 각기 자신의 주장만을 내세우며 편을 가르고, 목회자에게 어느 편에 설 것인지 묻습니다. 때로는 비 성경적인 세속적 세계관과 이 세상의 삶의 방식이 성도들의 신앙과 교회 생활에 큰 영향을 미치는 것을 보면서 목회자로서 어떻게 이에 대응해야 하는지 고뇌에 빠지기도 합니다. 때로는 성도들에게 직접적인 도전을 받기도 있습니다. 여러 가지 오해와 편견으로 부당한 비난을 받기도 하고, 목회자의 생각에 반대하는 사람들의 강력한 저항에 직면하기도 합니다. 또한 교회가 목회자에게 과도한 성과를 요구하면서 극심한 스트레스를 받을 수도 있습니다.

이처럼 비난과 압박이 가득 찬 상황에서 목회자는 자신이 목회를 계속하기 어렵다고 생각하며 좌절할 수도 있습니다. 특별히 성도들이 참된 복음에서 멀어지는 것을 바라보며 목회자로서 두려움을 느낄 때도 있습니다. 만약 목회현장에서 복음이 사라지면 무엇이 남을까요? 이러한 이유로 목회는 갈수록 더욱 어려워지고, 목회사와 교회는 깊은 절망 속에서 좌절할 수도 있습니다. 그런데 고린도후서를 통해 우리는 이러한 목회 현장의 압박과 고통이 바울에게도 있었음을 알 수 있습니다.

1세기 고린도로 시간여행

　고린도후서를 읽는 것은 버스나 마트에서 다른 사람의 통화를 엿듣는 것과 비슷합니다. 당신은 오로지 대화의 한쪽 면만 들을 수 있습니다. 이 편지에서도 우리는 바울과 고린도 교회 사이 대화의 한쪽 측면만 알 수 있습니다. 그러나 이를 통해 우리는 바울과 고린도 교회의 역사, 그들의 관계, 그리고 서로에게 기대하는 것이 무엇인지 알 수 있습니다. 때로는 그들의 대화가 감정적으로 격해지기도 하였습니다.

　바울과 고린도 교인들 간의 어렵고 복잡한 관계를 살펴보기 전에 고린도후서의 배경을 먼저 살펴봅시다. 사도 바울은 두 번째 선교여행을 하던 중 서기 51년경에 고린도에 도착하였습니다. 바울이 고린도에 도착하였을 때에 고린도는 어떤 도시였을까요? 고린도는 화려한 과거를 가진 도시였습니다. 이곳은 기원전 5세기 이전부터 그리스 도시 국가로서 번영을 누렸습니다. 그러나 기원전 146년 로마제국에 의해 에게해 연맹(The Achaean League)의 주요 도시였던 고린도는 철저하게 파괴되었습니다. 그리고 기원전 44년 줄리어스 시지(Julius Caesar)에 의해 도시 새건 선까시 약 100년간 고린도는 거의 폐허로 방치되어 있었습니다. 그러나 시저가 고린도를 재건한 데에는 그럴 만한 이유가 있었습니다. 고린도는 펠로폰네소스 반도와 그리스 본토 사이의 지협에 자리하고 있어 상업적, 군사적으로 매우 중요한 전략적 위치에 있었습니다. 그래서 시저는 고린도를 다시 재건하려는 계획을 세우고 다른 로마 제국의 도시에서 환영 받지 못하던 자유민들을 그곳으로 모았습니다.

고린도는 뛰어난 입지 조건 덕분에 다시 한번 빠르게 번성할 수 있었습니다. 많은 기술자들이 고린도로 몰려 들었고, 그들은 이곳에서 상당한 부를 창출할 수 있었습니다. 그런데 많은 이민자들이 로마 전역에서 고린도로 이주하면서 다양한 많은 신들도 함께 이곳에 들어왔습니다. 그 결과 고린도에는 그리스-로마의 수많은 신들에게 헌정된 수많은 종교적인 공간들이 있었습니다. 그리고 탄탄한 경제력과 열광적인 이교도 신앙은 고린도를 부도덕한 타락의 도시로 만들었습니다. 고린도에는 탐욕과 경쟁의 문화가 있었고, 음란한 파티가 많았으며 도덕적 규제는 거의 없었습니다. 그리스 도시국가 당시에도 고린도는 성적인 문란함으로 명성이 높았는데, 새로 만들어진 로마 제국의 고린도도 그 옛날의 명성과 별반 다르지 않았습니다. 1세기의 고린도를 현대의 도시와 비교해보자면 미국 네바다주의 라스베이거스를 떠올릴 수 있을 것입니다. 고린도는 로마 제국 안에 있는 '죄악의 도시'였습니다.

새롭게 재건된 고린도에서는 평등 사상이 강조되었습니다. 그래서 고린노의 사회 구조는 다른 지역과는 다소 차이가 있었습니다.

고린도에서는 뿌리 깊은 토착 귀족 계급이 없었던 까닭에 누구나 신분 상승의 가능성을 마음껏 꿈꿀 수 있었습니다. 이곳에서는 누구든 능력에 따라서 얼마든지 출세할 수 있었고, 분명 많은 고린도 시민이 사회적 신분 상승을 꿈꾸었을 것입니다. 그래서 고린도에는 야심이 많은 사람들이 몰려들었습니다. 그러나 동시에 고린도는 로마 제국의 문화도 그대로 가지고 있었습니다. 그래서 로마 제국의 다른 도시들과 마찬가지로 개인의 직업, 교육, 재산, 종교, 가족, 민족과 같은 요소들이 매우 중요하게 여겨졌습니다. 이러한 사회적 기준에 부합하고자 많은 고린도 사람들은 외적인 명성을 추구하면서 가능한 모든 수단을 동원하여서 성공을 추구했습니다. 그들은 적절한 결혼 상대를 주선하고, 선택하고, 적극적으로 부를 축적하고, 좋은 사회적 관계를 형성하려고 노력하였습니다. 로마 시인 호레이스의 속담은 1세기 고린도 도시의 분위기를 잘 설명해 줍니다. "고린도로 가는 배는 모두에게 열려 있지 않다." 고린도에서 살아남으려면 강해야 했고, 이 도시에서 앞서 나가려면 무자비해야 했습니다.

문제가 많은 교회

바울은 이런 복잡한 사회 환경 속에 고린도 교회를 세웠습니다. 고린도 교인들은 그들을 둘러 싼 사회적 상황에 깊은 영향을 받았습니다. 이는 바울이 고린도 교회에 보낸 두 편지에서 잘 드러납니다. 이러한 사회석 배경은 바울이 고린도 교회를 복회할 때에도 큰 영향을 주었습니다.

신약학자들 사이에서는 고린도 교인들의 사회적 계급에 대한 오랜 논쟁이 있었습니다. 지금까지는 고린도 교인들이 대부분 물질적으로 가난하고 사회적으로 낙후된 하층민이라는 의견이 지배적이었습니다. 고린도전서 1장에 기록된 바울의 증언, 곧 "그러나 하나님께서 세상의 미련한 것들을 택하사 지혜 있는 자들을 부끄럽게 하려 하시고 세상의 약한 것들을 택하사 강한 것들을 부끄럽게 하려 하시며 하나님께서 세상의 천한 것들과 멸시 받는 것들과 없는 것들을 택하사 있는 것들을 폐하려 하시나니"(1:27-28)라는 말씀이 이러한 견해를 뒷받침하는 근거였습니다. 다시 말해, 1세기 고린도 교회에는 소위 '유명인'이 많지 않았을 것이라는 주장입니다.

그러나 고린도 교회에는 노예와 평민뿐 아니라 귀족층의 교인들도 있었을 가능성이 높습니다. 다른 초대 교회들처럼 고린도 교회도 다수의 하층민부터 소수의 상류층까지 다양한 사회 계층의 사람들이 모여 있었을 것입니다. 다음 장에서 자세히 살펴보겠지만, 바울의 반대자들의 영향을 받은 사람들은 거의 틀림없이 고린도에서 사회적으로 힘이 있던 사람들이었을 것입니다. 이러한 사람들이 교회 내에서 가지고 있었던 영향력은 바울이 고린도를 떠나 있을 때 바울에게 커다란 슬픔과 고통이 되었습니다.

바울은 고린도전서에서 교회 내 분열의 조짐들에 대하여 우려하였습니다. 사람들은 서로 편을 가르고 지도자들을 평가하며, 자신들이 좋아하는 사도사들만 따랐습니다. "내 형제들아 글로에의 집 편으로 너희에 대한 말이 내게 들리니 곧 너희 가운데 분쟁이 있다는 것이라 내가 이것을 말하거니와 너희가 각각 이르되 나는 바울에게, 나는 아볼로에게, 나는 게바에게, 나는 그리스도에게 속한 자라 한다는 것이니"(고전 1:11-12; 참조. 11:18-22). 이런 보고를 들은 바울은 더 이상 죄의 본성을 따라 살지 않고 성령을 따라 살아야 하는 사람들에게 그러한 질투와 다툼은 부적절하다고 꾸짖습니다(고전 3:3-4). 그러나 고린도에서는 이러한 질투가 지속되고 심지어 악화되었던 것으로 보입니다. 이것이 고린도후서 전체에서 나타나는 바울의 고통스러운 말 뒤에 숨어 있는 갈등의 요인이었습니다.

바울의 고된 사역

고린도후서에서 펼쳐지는 바울과 고린도 교회의 대화는 그로부터 수년 동안 지속되었던 대화였습니다. 앞서 언급했듯이 바울은 두 번째 선교 여행 중에 이 도시를 방문했습니다. 사도행전 18장 11절에서 누가는 사도 바울이 고린도에서 1년 6개월 동안 가르치고 사역했다고 기록하는데, 이는 다른 곳에서 사역과 비교하면 상당히 긴 기간입니다. 바울이 고린도에 이렇게 오래 머물렀던 이유에 대해서 여러 가지 의견이 있습니다. 일부 학자들은 고린도가 독특한 지리적 특성으로 인해 주변 지역으로 복음을 전파할 수 있는 이상적인 장소였다고 말합니다. 또 다른 학자들은 고린도가 경제적으로 번성하였기 때문에 바울이 전막 제삭사로서 장사를 하며 재정적 독립을 유지할 수 있었고, 이는 그가 좋아하는 사역 환경이었다고 주장합니다. 또한 고린도에는 노예와 자유민들이 많았기 때문에, 고린도 주민들은 바울이 전파하는 '새로운' 종교인 기독교 복음을 더 잘 받아들였을 것이라는 견해도 있습니다.

바울이 고린도에 오래 머물렀던 이유가 무엇이든 간에, 사실 18개월은 고린도 교회가 진리를 배우고, 성숙한 교회가 되기에는 충분하지 않은 시간이었습니다. 이러한 한계는 바울이 후에 고린도 교인들에게 보낸 여러 서신에서 분명하게 드러납니다. 그래서 바울은 고린도 교회에 사절단을 파견하고 직접 고린도를 방문하기도 하였습니다. 바울이 고린도를 처음 떠난 후, 그는 교회 내에 있었던 성적인 타락에 관한 문제를 해결하고자 편지를 썼습니다(고전 5:9). 그러나 이 편지는 우리에게는 전해지지 않았습니다. 바울은 이 첫 번째 편지에 이어 두 번째 편지를 보냈는데, 이것이 바로 고린도전서입니다. 고린도전서는 내부 분열, 성적 부도덕, 거짓 가르침 등 고린도 교회를 어지럽히고 있었던 수많은 문제를 말합니다. 바울은 이 편지에서 나중에 고린도로 다시 돌아갈 계획이라고 그들에게 조언합니다(고전 16:5-8). 그러나 그 사이에 바울은 디모데를 그들에게 보내 가르치게 하였습니다(고전 4:17).

고린도전서를 받은 후 고린도 교회에는 어느 정도 회복이 있었던 것 같습니다. 그러나 곧 다시 상황이 급격히 나빠지기 시작했습니다. 디모데가 고린도를 방문했을 때, 그는 몇몇 사람들이 교회 안에서 분란을 일으켜서 상당수의 사람들이 바울에게 등을 놀린 것을 발견하였습니다. 이 반대자들은 원래는 교회의 일원이 아니었지만 나중에 교회에 들어와서 리더십과 영향력을 행사할 수 있는 위치에 오른 것으로 보입니다. 고린도후서에 기록된 바울의 격정적인 말에서 알 수 있듯이, 이런 반대자들의 가르침은 복음에 대한 고린도 교인들의 관점을 완전히 혼란스럽게 만들었습니다. 십자가에 못박히신 그리스도의 복음에 의하여 바울은 약하고 고통받는 사역을 추구하였지만, 바울의 반대자들의 견해는 힘과 성공에 대한 세속적인 열망에 의해 형성되었기에 이는 정반대 이념의 충돌이었습니다.

고린도에서 벌어지고 있는 사태에 대한 디모데의 걱정스러운 보고를 들은 바울은 소아시아에서 사역을 중단하고 고린도 교회를 다시 방문합니다. 그가 방문했을 때 어떤 일이 벌어졌는지 정확히 알 수 없지만, 바울과 고린도 교인 간의 대화는 재앙과 같은 근심 속에 끝난 것으로 보입니다(고후 2:1-2). 그리고 이 방문 이후에 바울은 다시 눈물의 편지를 써서 디도를 통해 고린도 교인들에게 보냈습니다(고후 2:4). 일부 학자들은 이 편지가 고린도전서 또는 고린도후서 10~13장의 일부라고 주장하지만, 아마도 이는 분실되었을 가능성이 높습니다. 바울은 디도가 고린도에서 돌아오는 것이 늦어지자 적지 않은 걱정을 했다고 말합니다(고후 2:12-13). 그러나 결국 디도는 마게도냐에서 바울과 다시 합류하여 고린도 교회에 대한 보다 긍정적인 보고를 합니다.

바울은 고린도 교회에 대한 이 고무적인 소식을 듣자마자 다시 편지를 보냅니다. 이 편지가 고린도후서입니다. 그런 다음 바울은 디도를 고린도로 보내 다시 교회를 더욱 공고히 할 수 있도록, 계속하여 목양을 하게 합니다(고후 8:6, 16-24). 바울은 자신이 고린도 교인들을 다시 방문할 것이라고 말하는데(고후 12:14), 아마도 바울이 예루살렘으로 여행하는 동안 이 방문이 이루어진 것으로 보입니다(롬 15:24~29).

이 모든 자료들을 검토해 보면, 고린도 교인들은 바울이 상당히 오랫동안 심혈을 기울여서 목회적 돌봄을 쏟은 대상이었습니다. 다음 장에서 살펴보겠지만, 어렵고 제한된 목회적 상황 속에서도 고린도 교회를 향한 바울의 헌신은 오늘날 목회자들에게 영감을 주는 본보기가 됩니다. 목회자가 교인들이 그리스도 안에서 성장하는 것이 가장 중요하다는 확신을 가지고 있다면, 교인들을 열심히 섬기고 그들을 돌보는 데 헌신할 것입니다. 바울의 사역에서 알 수 있듯이, 특정 상황에서 역동적인 사역을 하려면 다양한 목회적 수단을 사용해야 합니다. 바울은 설교와 가르침, 심방, 열정적인 편지를 통하여서 그들을 목양하였습니다. 오늘날 목회자들에게는 심방, 설교와 가르침, 전화 통화, 문자 메시지 등이 그 도구가 될 것입니다.

그때와 지금의 목회사역

바울이 매우 세속적이고 극심한 압박이 있었던 상황 속에서 목회를 하는 데 많은 어려움을 겪었던 것처럼 오늘날의 목회자들도 교회를 둘러싼 비슷한 환경들로 인하여 어려움을 겪고 있습니다. 1세기의 로마 제국과 고린도는 이미 지나갔지만, 바울 시대와 우리 시대 사이의 문화는 크게 다르지 않습니다. 우리가 고대 고린도나 현대 라스베이거스에 살고 있지는 않지만, 죄가 교회와 교인들에게 미치는 교활한 영향은 여전히 동일합니다. 고린도처럼 우리 사회에도 여전히 성공과 명성, 인정에 대한 집착과 함께 성공하지 못한 사람들에 대한 경멸이 존재합니다. 또한 당파를 따라 분열하고 다른 사람들에 대하여 벽을 세우는 경향은 변함없는 인간의 죄성입니다.

고린도와 여러분의 도시를 비교하면 세부적인 차이가 있을 수 있습니다. 그러나 세속적인 문화에 둘러싸여 있는 성도들의 상황은 본질적으로 크게 다르지 않습니다. 세속적인 문화 속에서 진리를 전할 때마다 목회자들은 큰 도전에 직면합니다. 이런 타락한 사회 속에서 목회하는 것은 결코 쉽지 않습니다. 그러므로 바울이 고린도 교인들을 목양할 때에 그들을 둘러싼 세속 사회의 문화적 영향에 어떻게 대응했는지 자세히 살펴볼 필요가 있습니다.

바울은 고린도 교인들에게 편지를 쓸 때 때때로 강하고 날카로운 언어를 사용했습니다. 경건하지 않은 세속 문화를 따르는 성도들에게 그는 때로는 가혹한 태도를 보이기도 합니다(고후 11:19). 그러나 고린도후서를 시작하면서 바울은 고린도 교인들을 그리스도 예수 안에서 하나님의 구원의 은혜를 받은 복된 자로 여기고 있습니다(고후 1:2). 또한, 바울은 이 편지 후반부에서 자신의 사역을 폄하하고 있는 형제자매들을 바라보면서도 하나님께서 여전히 교회 가운데에서 일하고 계심을 고백하며 기뻐할 이유를 찾았습니다. 바울은 늘 그리스도 안에서 하나님의 자비를 의지하고 있었습니다. 그렇기에 그는 고린도 교회를 향하여 인내하며 지속적으로 그들을 사랑하면서 돌볼 수 있었습니다. 바울은 고린도 교인뿐만 아니라 자기 자신도 하나님 아버지의 죄 용서와 그리스도 안에서 날마다 힘 주시는 은혜가 필요함을 잘 알고 있었습니다(고후 12:9).

하나님 앞에서 깊은 겸손은 목회의 기본입니다. 특별히 압박과 좌절이 가득한 목회 환경에서 목회자에게 필요한 것은 깊은 겸손입니다. 예전에 함께 교회를 섬겼던 한 지혜로운 장로는 심방을 위하여 교인의 집을 방문할 때에 자신의 죄, 즉 하나님과 이웃을 사랑하지 못했던 자신의 모습을 떠올린다고 제게 이야기해 준 적이 있습니다. 그래서 그는 심방을 할 때에 자신이 우월한 위치에서 성경을 가르치거나, 조언을 하기보다 장로로서 자신도 그리스도 안에서 하나님의 은혜로 살고 있음을 기억하며 겸손한 자세로 교인들을 심방하였습니다. 그리스도 안에서 우리도 은혜롭게 용서받은 죄인이라고 생각하면 다른 사람들을 마주하면서 경험하게 되는 불편함과 갈등 앞에서 스스로를 낮추게 됩니다. 현실적으로 목회는 항상 힘들고 안팎으로부터 압박이 항상 존재합니다. 이 사실을 받아들이면 목회자는 자신의 힘으로 목회하는 것이 아니라, 겸손하게 그리스도를 의지하면서 목회를 할 수 있습니다. 그리스도는 자신의 종들에게 풍성한 복음과 넘치는 능력을 주시는 분이시기 때문입니다. 다음 장에서는 바울이 어떻게 그리스도 안에서 하나님의 은혜로 자신의 목회직 정체성을 형성하게 되있는지 살펴볼 것입니다.

제2장

목회자의 정체성

우리는 우리를 전파하는 것이 아니라
오직 그리스도 예수의 주 되신 것과
또 예수를 위하여
우리가 너희의 종 된 것을 전파함이라
(고후 4:5)

●

　　　　　　　취업을 하면 기업으로부터 업무 설명서를 받습니다. 업무 설명서는 그 직책에서 기대하는 사항을 간략하게 설명합니다. "직장에서 여러분이 담당해야 할 다양한 업무는 다음과 같습니다. 다음은 여러분이 충족해야 하는 사항입니다"라는 식의 내용입니다. 이는 업무의 방향을 제시하여 일에 집중할 수 있게 하고, 불필요한 추가 업무로 인한 과부하를 막는 데 도움이 됩니다. 전업주부, 패스트푸드점 직원, 목수 보조원, 회계사 등 어떤 직무를 맡고 있든 자신의 업무에 대한 기대치를 정확히 아는 것은 중요합니다.

　목사는 어떨까요? 목사의 청빙서에는 모호하고 일반적인 업무들이 나열되어 있는 경우가 많습니다. 교회 헌법에 목사의 임무가 명시되어 있고, 이는 목사가 안수를 받을 때 다시 한번 강조되지만,

목사가 하는 일이 무엇인지 명확하게 규정하기는 어렵습니다. 예전에 교회에서 몇 명의 어린이들이 찾아와서는 진지하게 "도대체 목사님은 일주일 내내 무슨 일을 하세요?"라고 물어본 적이 있습니다. 도대체 주일에 교회에서 보내는 몇 시간 외에 나머지 6일을 어떻게 채우는지 궁금한 거죠.

여기서 목회자가 생각해 봐야 할 중요한 질문들이 있습니다. 목회자가 집중해야 할 일은 무엇일까요? 어떤 사역이 우선순위일까요? 꼭 해야 할 일은 무엇일까요? 분명한 것은, 목회자가 매일 바쁘게 일을 할지라도 그가 반드시 효과적으로 일을 잘하고 있는 것은 아니라는 사실입니다. 목회자가 자신의 직무에 대한 명확한 개념을 가지고 있지 않으면 불필요한 여러 다른 활동들에 많은 시간을 낭비할 수 있으며, 정작 성도들의 영적인 돌봄을 위해 꼭 필요한 일에는 소홀할 수 있습니다. 마찬가지로, 성도들도 매주 목회자가 해야 할 일이 무엇인지 명확히 알고 있는 것이 좋습니다.

바울은 고린도후서에서 이 문제를 다루고 있습니다. 그는 고린도 교회의 '파트타임 목사' 또는 '순회 목사'로서 이 편지를 쓰고 있습니다. 이전 장에서 우리는 바울이 고린도 교인들과 주기적인 방문과 편지를 통하여 계속 관계를 유지했음을 보았습니다. 바울과 고린도 교인들은 한때 서로 축복의 시간을 보냈으며, 바울은 그들을 위하여 헌신하고, 그들은 바울의 설교와 목회를 기쁨으로 받았습니다. 그러나 고린도 교인들이 바울과 그의 사역에 대하여 기대하는 바가 달라지고, 더 유능해 보이는 사역자들과 바울을 비교하기 시작하면서 이전의 행복했던 시절들은 희미해졌습니다. 이제 고린도 교인들 중 일부는 바울이 더 이상 목회사역을 감당할 수 없다고 결론을 내렸습니다. 바울은 이 편지에서 그들의 주장과 비판에 맞서 자신을 변호하는 동시에 목회자의 진정한 직무에 대해 가르쳤습니다.

바울의 목회적 정체성

목회사역에서 바울을 움직이는 힘은 하나님 나라 백성의 영적 유익을 위해 헌신하고자 하는 열망이었습니다. 하지만 바울과 달리 당시 고린도 교회에 있던 반대자들은 고압적인 태도와 강압적인 행동으로 사역을 했습니다. 그럼에도 불구하고 그들은 고린도 교인들의 사랑을 받았습니다. 이러한 상황에 바울은 몹시 당황스러웠습니다. "누가 너희를 종으로 삼거나 잡아먹거나 빼앗거나 스스로 높이거나 뺨을 칠지라도 너희가 용납하는도다"(고후 11:20) 바울의 반대자들은 교인들의 영혼에 진정한 관심 없이도 외형적으로 인상적인 사역을 할 수 있다는 것을 보여주었습니다. 그러나 이런 태도는 바울이 원하는 바가 아니었습니다. 바울은 권위적인 통치자가 아니라 고린도 교인들의 종이라는 자신의 위치를 소중히 여겼습니다. 이러한 바울의 온유한 인격이나 자비량 사역은 당시 로마 사회문화에 익숙한 고린도 교인들에게는 낯설고 당황스러운 것이었습니다. 그럼에도 바울은 자신의 사역에서 이러한 인격과 행동으로 더욱 고린도 교인들을 섬겼습니다. 겸손한 종이라는 바울의 정체성은 하나님의 능력이 약함을 통해 매우 효과적으로 역사하는 그리스도의 십자가에 근거합니다(고후 13:4).

고린도후서에는 반대자들에 대한 바울의 응답이 많이 들어있습니다. 그러나 바울은 여전히 고린도 교회를 향한 긍정적인 비전을 가지고 있었습니다. 그는 고린도 교인들이 그리스도의 십자가의 참된 메시지와 일치하는 사역이 무엇인지 가르치기 위해 노력했습니다. 또한 그는 사도로서 자신에 대한 불확실성을 해소하고 그들의 신뢰가 흔들리지 않도록 노력하였습니다. 실제로 바울은 그리스도의 종으로서 자신에 대한 성도들의 신뢰를 강화하기 위해 자신을 변호하는 동시에 자신이 전한 참된 복음을 버리지 말 것을 호소합니다. 바울은 고린도 교인들이 그의 목회관을 이해할 수 있기를 소망하였습니다. "오직 너희가 읽고 아는 것 외에 우리가 다른 것을 쓰지 아니하노니 너희가 완전히 알기를 내가 바라는 것은 너희가 우리를 부분적으로 알았으나 우리 주 예수의 날에는 너희가 우리의 자랑이 되고 우리가 너희의 자랑이 되는 그것이라"(고후 1:13-14)

바울은 고린도 교인들에게 자신의 사역의 본질을 설명하며 자신의 정체성을 설명할 수 있는 몇 가지 핵심 용어를 사용합니다. 그는 자신을 그리스도께 부름 받은 사도, 하나님의 사자, 예수님을 위한 교회의 종으로 여깁니다. 이러한 각 용어들은 그의 사역의 여러 가지 모습을 각각 전달하며, 바울이 설립한 교회들 사이에서 바울이 어떻게 목회사역을 하였는지 드러냅니다. 동시에, 이러한 각 용어들은 오늘날 그리스도의 교회에서 바쁘게 사역하고 있는 목회자들에게도 교훈과 격려가 됩니다.

사도

 바울 서신을 보면 바울은 사도직을 자신의 정체성의 중심에 두었습니다. 고린도전서에서 그는 자신을 소개할 때 사도라는 것을 강조합니다. "하나님의 뜻을 따라 그리스도 예수의 사도로 부르심을 받은 바울"(고전 1:1). 고린도후서의 첫 구절에서도 바울은 자신을 "하나님의 뜻으로 말미암아 그리스도 예수의 사도 된 바울"(고후 1:1)이라고 밝히며 고린도 교회의 성도들에게 하나님이 주신 자신의 사명을 상기시킵니다. 신약 성경에서 사도는 모든 민족을 제자로 삼아 교회를 세우라고 그리스도께서 부르신 사람들입니다(마 28:19~20). 사도들은 예수님의 3년 공생애 기간 동안 예수님과 동행하며 예수님의 삶과 죽음, 부활에 대하여 증언할 수 있는 사람들이었습니다(사도행전 1:21).
 바울은 예수님의 사역에 직접 참여하지 않았기 때문에 사도로서 다른 열두 사도와는 분명한 차이가 있었습니다. 오히려 그는 초대 교회 당시에 그리스도와 그의 복음을 전하는 자들을 적극적으로 박해하던 사람입니다(행 7:58, 8:1-3). 그러나 주님은 자비로우셔서 바울에게 자신을 드러내시고 그 분을 섬기도록 부르셨습니다. 사도는 고린도전서에서 이 부르심에 대하여 감격스럽게 고백합니다. "맨 나중에 만삭되지 못하여 난 자 같은 내게도 보이셨느니라 나는 사도 중에 가장 작은 자라 나는 하나님의 교회를 박해하였으므로 사도라 칭함 받기를 감당하지 못할 자니라"(고전 15:8-9) 예수님은 구원의 복음을 바울에게 맡기셨고, 바울은 그리스도의 복음이 아직 전파되지 않은 세계 곳곳에 그리스도의 복음을 전하는 것을 자신의 소명으로 받아들였습니다(롬 15:20, 갈 1:15-16).

우리는 이미 바울의 사도적 사역이 반대자들의 공격 대상이 되었던 것을 알고 있습니다. 그들은 바울의 개인적인 인격과 사역을 폄하함으로써 사도로서 지위를 훼손하고 자신들을 고린도 교회의 합법적인 사도와 지도자로 격상시켰습니다. 이러한 반대와 거부가 있음에도 고린도후서에서 바울의 대응은 놀랍습니다. 자신의 사도직을 적극적으로 변호하는 다른 서신들(갈라디아서)과는 달리, 고린도후서에서 바울은 자신의 사도직을 부활하신 그리스도와 특별한 만남과 연결시키지 않았습니다. 그는 앞서 고린도전서 9장 1절에서는 "내가 자유인이 아니냐 사도가 아니냐 예수 우리 주를 보지 못하였느냐 주 안에서 행한 나의 일이 너희가 아니냐"라고 말하였습니다. 그러나 고린도후서에서 바울은 다른 접근을 합니다. 그의 사도직에 대한 비판을 잠재우기 위하여 자신의 사도적 권위에 대한 복종을 명령하지 않았습니다. 또는 기독교 지도자로서 자신의 우월성을 확인할 수 있는 업적에 호소하지도 않습니다. 고린도후서 말미에야 마지못해 자신이 받은 "주의 환상과 계시"를 언급합니다(고후 12:1). 그리고 거의 지나가는 말로 자신도 사도의 표적과 행적이 있음을 언급합니다(고후 12:12). 그러나 편지 전체에서 그는 그리스도와 연합한 자신의 고난을 훨씬 더 강조합니다. 참으로 고난은 사도로서 그의 권위를 드러내는 것이었습니다(참조, 고전 4:9). 다음 장에서 살펴보겠지만, 바울은 자신의 사역이 십자가에서 고난을 받으신 그리스도의 모범에 부합할 때만 권위를 갖는다고 생각하였습니다.

고린도 교인들에게 하나님이 주신 권위로 말할 때에도(고후 10:8, 13:10), 바울은 영광 받으신 그리스도와의 연합을 더욱 강조합니다. 무엇보다 바울은 예수님과 연합을 통하여 교회가 영적으로 유익을 얻기를 소망하였습니다. 그는 고린도후서 1장 24절에서 "우리가 너희 믿음을 주관하려는 것이 아니요 오직 너희 기쁨을 돕는 자가 되려 함이니 이는 너희가 믿음에 섰음이라"고 말합니다. 바울은 사도로서 은사를 받고 큰 업적을 이루었음에도 불구하고, 그리고 그리스도께서 분명히 그를 부르셨음에도 불구하고 자신이 섬기는 사람들 위에 오만하게 서지 않았습니다. 무엇보다도 그는 어떻게든 그들이 복음을 더욱 굳건히 붙잡을 수 있도록 돕고자 하였습니다.

이러한 태도는 고린도후서 6장 13절에서 바울이 자녀들에게 아버지의 마음으로 간청한 "내가 자녀에게 말하듯 하노니 보답하는 것으로 너희도 마음을 넓히라"는 말에서 잘 드러납니다. 다음 장에서 이 가슴 아픈 선언의 의미를 좀 더 자세히 살펴보겠지만, 지금은 이 외침을 통하여서 고린도 교회와의 목회적 관계에 대한 바울의 태도에 주목해 보겠습니다. 바울은 사도로서 복음을 전하고 그들을 믿음으로 인도하기 위하여 애를 써왔기에 고린도 교인들이 정식하고 겸손한 태도로 자신에게 응답하기를 원합니다. 특히 고린도 교인들의 새로운 충성과 헌신을 바라는 것은 그들을 영적으로 돕기 위함이었습니다.

바울이 고린도 교인들에 대하여 고압적인 태도로 사도적 권위를 행사하기를 거부한 것은 오늘날 교회를 돌보는 교회 지도자들에게 좋은 본보기가 됩니다. 하나님의 섭리 안에서 목회자나 교회 지도자는 권위와 영향력을 행사할 수 있는 지위를 부여받았습니다. 목사는 성도들의 영적 유익을 위해서 헌신을 해야 하지만, 목사에게는 이 직책을 개인적인 이익을 위해 사용하려는 교활한 유혹이 늘 있습니다. 목사는 자신의 이익과 영광을 위해 교회 안에서 자신의 지위를 높일 수 있습니다. 목회자는 일반적으로 교회에서 더 높은 존경을 받기 때문에 자신의 학문적 훈련, 다양한 업적, 여러 사역을 통하여 사람들을 쉽게 움직이고 싶은 유혹에 빠지기도 쉽습니다. 이는 "나는 당신보다 더 많이 알고, 당신보다 더 많은 일을 해왔고, 당신보다 더 높은 지위에 있으니 당신은 내 말을 들어야 한다"라고 말하고 싶은 유혹입니다. 그러나 사람들의 인정과 칭찬을 받고 싶은 유혹 앞에서 목회자는 고린도후서에서 사도 바울이 자신의 특권적인 지위를 내세우기를 꺼려했던 것을 기억해야 합니다. 대신 사도 바울은 예수님을 위해 약하고 고난 받는 교회의 종으로서 자신의 정체성을 확인하고자 했습니다. 바울과 달리 목사는 사도가 아니지만, 목사직도 그리스도로부터 받은 고귀한 직분입니다. 그러므로 목사는 그리스도처럼 겸손하게 하나님 나라 백성의 유익을 위해 충성스럽게 봉사해야 합니다.

대사(Ambassador)

바울의 두 번째 목회적 자기 정체성은 그리스도의 대사입니다. 그는 고린도후서 5장 19-20절에서 "곧 하나님께서 그리스도 안에 계시사 세상을 자기와 화목하게 하시며 그들의 죄를 그들에게 돌리지 아니하시고 화목하게 하는 말씀을 우리에게 부탁하셨느니라 그러므로 우리가 그리스도를 대신하여 사신이 되어 하나님이 우리를 통하여 너희를 권면하시는 것 같이 그리스도를 대신하여 간청하노니 너희는 하나님과 화목하라" 바울이 살던 로마 시대에 대사는 오늘날의 그것과는 다소 차이가 있습니다. 오늘날의 대사는 특정 국가의 수도에 장기적으로 파견됩니다. 예를 들어, 주미 캐나다 대사는 온갖 중요한 문제에 대한 캐나다의 공식 입장을 미국에 전하기 위해 수년 동안 워싱턴 D.C.에 상주합니다. 이와 대조적으로 1세기의 대사는 필요가 있을 때에만 다른 나라에 파견되었습니다. 예를 들어 로마와 제국의 변방에 있는 작은 지역 간의 분쟁이 폭력 사태로 번질 조짐을 보이면 대사가 개입하여 이를 중재하였습니다. 일반적으로 이러한 대사는 경제적으로나 군사적으로 더 큰 손해를 보고 있는 쪽, 즉 더 취약한 위치에 있는 쪽에서 파견되었습니다. 즉, 변방에 있는 지역에서 대사를 수도로 보내 문제를 잘 해결하기 위해 노력하였습니다.

그런데 하나님과 죄인 사이에서 누가 대사를 보내야 합니까? 하나님은 만물을 창조하시고 다스리시며 모든 피조물에게 완전한 순종을 요구하실 수 있는 온 우주에서 최고의 권위를 가지신 분입니다. 그러나 우리가 그분의 말씀을 거부하였고, 그분을 대적하였기에 하나님과 피조물 사이에 반목과 고통이 생겼습니다. 하나님은 우리의 반역을 정당하게 심판하시고, 섬멸하실 수 있지만, 도리어 우리와 평화를 이루기 위해 그분께서 우리에게 대사를 보내십니다. 여기서 우리가 주목할 것은 가난한 백성이나, 변방의 백성들이 왕에게 자비를 간청하는 것이 아니라, 정반대의 간청이 있다는 점입니다. 그리스도의 복음은 모든 것을 뒤집습니다. 왜냐하면 하나님은 죄로 인해 그분을 떠난 백성들에게 은혜롭게 다가가시는 분이시기 때문입니다! 화해와 평화를 위해 사절을 보내신 것은 바로 아무런 부족함이 없으며, 도리어 죄인의 불순종으로 가장 불쾌할 수도 있는 만왕의 왕이신 하나님입니다. 이것이 바로 "너희는 하나님과 화목하라"(고후 5:20)고 간청하면서 이 땅의 인간 관계의 타락한 구도를 깨뜨리시는 하나님의 영광입니다.

   하나님은 우리가 죽지 않고 살기를 원하셨습니다. 그래서 화목을 위한 그분의 계획을 받아들이라고 우리에게 간청하십니다. 하나님은 자신의 외아들을 대사로 이 땅에 보내서서, 반역자들의 죄를 친히 짊어지게 하심으로 이 회복을 가능하게 만드셨습니다. 바울이 고린도후서 5장 18절에서 "모든 것이 하나님께로서 났으며 그가 그리스도로 말미암아 우리를 자기와 화목하게 하시고 또 우리에게 화목하게 하는 직분을 주셨으니"라고 기록합니다. 이제 그리스도께서 온 세상에 이 화목의 메시지를 전하기 위해 당신의 종들을 부르십니다. 그리스도의 대사로 부름 받은 바울은 그의 주인으로부터 이 말씀을 위임받았습니다. 그래서 그는 하나님이 죄인들에게 은혜롭게도 간청을 하고 계신다는 이 복음을 전하였습니다 (엡 6:19-20 참조).

오늘날과 마찬가지로 바울 당시의 로마 사회에서도 대사는 권위를 가지고 있었습니다. 하지만 바울은 그리스도의 대사로서 고린도 교인들이 레드 카펫을 깔아주는 특별한 대접을 기대하지 않았습니다. 그런데 도리어 그들은 바울을 비난하고, 그의 편지를 비웃고, 그의 말투를 조롱했습니다. 바울은 그들이 자신의 메시지를 받아들이는 한 이 모든 비난과 조롱을 견딜 수 있었습니다. 그는 대사의 역할을 하면서 "그리스도를 대신하여"(고후 5:20) 그들에게 간청합니다. 하나님은 고린도 교인들이 다시 어둠에 빠지길 원치 않으셨습니다. 하나님은 그들을 위하여 이미 많은 것을 희생하셨고, 심지어 독생자까지 내어 주셨습니다. 바울이 전하는 복음은 그들에게 삶과 죽음입니다. 고린도 교인들이 바울을 있는 그대로 받아들이고 그의 말을 주님의 메시지로 받아들일 수 있을까요? 이것이 바울의 간절한 기도였습니다.

바울은 자신의 임무를 그리스도의 대사로 바라보았습니다. 이는 오늘날 목회자들에게도 적용되는 임무입니다. 목회자는 대사로서 그리스도와 하나님의 간절한 호소를 가지고 있습니다. 목회자들은 죄인들에게 "창조주와 화해하십시오! 그분의 아들 그리스도를 통해 하나님과 화목하십시오!"라고 끊임없이 외쳐야 합니다. 목회자는 하나님이 보내신 아들의 사신으로 이 땅에 왔습니다. 그분의 보혈로 죄인들과 화목을 이루신 하나님의 대사입니다. 이것은 목회자가 전하는 모든 메시지의 핵심이자 가장 확고한 기초입니다. 가정이나 카페에서 누군가를 심방할 때 목회자는 그들과 많은 이야기를 나눌 수 있습니다. 개인적인 헌신에서 재정 관리, 자녀 돌보기에서 노부모 부양, 교회 생활에서 사회생활까지 목회적 대화의 주제는 광범위합니다. 그러나 목회자의 메시지에서 그리스도와 그분이 성취하신 구원, 그분이 가능하게 하신 하나님과 화해는 절대로 빠질 수 없습니다. 그리스도의 대사로서 목회자는 모든 사람이 하나님과 화목하기를 간절히 소망합니다. 목회자는 만나는 사람마다 "여러분은 어떠십니까?"라고 물어야 합니다. 그리스도를 통해 창조주와 화해하셨나요? 그리고 이것이 여러분을 어떻게 변화시켰나요? 이 평화가 당신의 삶을 어떤 방식으로 변화시켰나요?"라고 질문해야 합니다.

이 메시지가 목회사역에 진정한 힘입니다. 목회자들은 때때로 죄로 인해 완고해진 교인들을 포기하고 싶을 때가 있고, 부정적인 교인들을 멀리하고 싶을 때도 있습니다. 하지만 그럴 때면 하나님께서 사랑하는 아들을 대사로 보내셔서 모든 죄인들이 돌아오기를 간청하시며 사랑으로 그들에게 다가오셨음을 기억해야 합니다. 이 평화를 이루기 위해 그리스도께서 그분의 피를 흘리고, 그분의 고귀한 생명을 포기하셨습니다. 성부 하나님과 성자 예수님은 악이나 고난 앞에서도 굴복하지 않으셨기에, 목회자들도 포기하지 않아야 합니다. 이것이 바로 바울이 고린도 교인들이 사퇴하라는 압박을 가할 때에도 대사의 직분을 계속 유지할 수 있었던 결단의 이유입니다. 사실 바울은 고린도 교회를 떠나고 싶었지만, 동시에 그에게는 고린도 교회를 위하여 계속 일해야 할 의무가 있었습니다. "그리스도의 사랑이 우리를 강권하시는도다 우리가 생각하건대 한 사람이 모든 사람을 대신하여 죽었은즉 모든 사람이 죽은 것이라"(고후 5:14). 목회자들은 그리스도의 사랑이 없다면 길을 잃게 됩니다. 목회자들에게 그리스도의 사랑은 가장 우선적이고 중요한 메시지입니다. 그들은 이 메시지가 얼마나 아름다운지 이해하고 경험하였기에 이 메시지를 계속 전해야 합니다.

종(Slave)

고린도후서에서 바울은 자신을 교회와 하나님의 종이라고 언급함으로써 사도로서 신분에 대한 권위와 그리스도의 대사로서 영예로운 임무를 균형 있게 표현하고 있습니다. 바울은 "우리는 우리를 전파하는 것이 아니라 오직 그리스도 예수의 주 되신 것과 또 예수를 위하여 우리가 너희의 종 된 것을 전파함이라"(고후 4:5)고 썼습니다. "종"으로 번역된 헬라어(둘로스)는 "노예"로 번역하는 것이 더 정확합니다. 1세기에 노예는 다른 사람의 소유물이었으며, 그들의 존엄과 의지는 그 주인의 것이었습니다. 노예는 주인과 그의 가족을 위한 평생토록 일하는 사람입니다. 이것이 바울의 정체성이었습니다. 그는 노예였습니다.

고린도후서 4장 5절에서 바울은 자신이 고린도 교인들을 섬기는 종이라고 말합니다. 그는 "예수를 위하여 우리가 너희의 종"이라고 말합니다. 이러한 종의 이미지를 통해 바울은 고린도 교인들을 향한 바울의 목회사역이 광범위하고, 헌신적이라는 사실을 알리고 싶어하였습니다. 바울의 특권은 신자들의 유익을 위해 그리스도의 메시지를 전하는 것이기 때문에 그들의 영적 안녕이 자신의 영적 안녕보다 훨씬 더 중요했습니다. 따라서 그는 신자들이 그리스도의 메시지를 받아들이는 데 방해가 되지 않는 한, 그들이 자신에게 뭐라고 하더라도 신경 쓰지 않았습니다. 고린도전서에서 바울은 어근이 다른 헬라어인 디아코노이("종")를 사용하여 "그런즉 아볼로는 무엇이며 바울은 무엇이냐 그들은 주께서 각각 주신 대로 너희로 하여금 믿게 한 사역자(종)들이니라"(고전 3:5)고 말합니다. 그는 자신의 수고를 통해 죄인들이 그리스도를 믿는 믿음에 이르고, 믿음의 열매를 맺기를 바랐습니다.

바울은 예수님의 종으로서 자신의 유익이 아니라 교회들의 유익을 부지런히 구합니다. 바울은 고린도 전서에서 그의 사역에 대해 이렇게 말합니다. "내가 모든 사람에게서 자유로우나 스스로 모든 사람에게 종이 된 것은 더 많은 사람을 얻고자 함이라"(고전 9:19) 그 이후로 고린도의 반대자들은 바울이 교회에 대한 헌신이 부족하고 사랑이 부족하며 거칠고 고압적인 태도를 보인다는 비난했습니다. 그러나 바울은 자신이 그들을 괴롭히려는 것이 아니라 그들을 섬기고 그들을 세우려는 것임을 드러내고자 하였습니다. 실제로 그는 종으로서 고린도 교인들의 영적 성숙을 위하여 무엇이든 할 수 있었습니다. 바울은 고린도 교인들에게 유익이 되고 그들이 참된 복음을 받아들이는 데 도움이 된다면 자신을 희생하고, 고난을 당하고, 심지어 죽을 수도 있었습니다. 그는 고린도후서 4장에서 자신의 많은 사역적 고난에 대해 "모든 것이 너희를 위함이니"(15절)라고 말합니다. 그가 한 모든 일은 교회를 섬기기 위한 것이었습니다.

오늘날 목회자는 목회자의 정체성이 노예라는 것이 불편하게 느껴질 수 있습니다. 21세기에 예수님께서 나에게 정말 노예가 되라고 요구하시는 걸까? 내가 교회의 종으로 살아야 하는 것인가? 이것은 오늘날의 사회 기준과도 맞지 않습니다. 목회자의 직무에 '노예'를 넣는 것은 아마도 노동법에 의해 금지되어 있을 것입니다! 그런데 왜 목회자는 노예처럼 봉사해야 할까요? 바울은 자신이 "예수님을 위해"(고후 4:5) 교회의 종이 되었다고 말합니다. 이것은 고린도후서에서 나타나는 매우 어려운 진리입니다. 종의 자세는 목회자의 직무에 있어 근본입니다. 왜냐하면 그리스도께서 그렇게 하셨기 때문입니다. 그리스도는 전능하신 하나님이시지만 "자기를 비워 종의 형체를 가지사 사람들과 같이" 되셨습니다(빌 2:7). 그리스도는 자신보다 다른 사람을 더 귀히 여기셨고 끊임없이 자신의 이익이 아니라 다른 사람의 이익을 구하셨습니다. 이러한 겸손한 섬김의 태도로 예수님은 저주받은 십자가의 죽음을 감당하셨습니다. 빌립보서 2장 5절에 나오는 바울의 명령 즉, "너희 안에 이 마음을 품으라 곧 그리스도 예수의 마음이니"라는 말씀은 다른 사람을 섬기는 목회야 말로 진정으로 그리스도를 닮는 길임을 가르칩니다.

종의 정체성은 목회자가 사랑 없이 사람들에게 권력을 행사하는 독재자와는 근본적으로 다르다는 사실을 가르쳐 줍니다. 목회자는 교인들의 호감과 인정에 목매지 않습니다. 또한 그는 교회가 부자가 되어서 교인들로부터 더 많은 대가를 받고 싶은 CEO도 아닙니다. 목회자가 자신을 기쁘게 하려고 한다면 그는 자신이 누구의 종인지 잊고 있는 것입니다. 이기적인 목회자는 자신의 태도와 행동을 통해 그리스도의 복음을 전복합니다. 목회자가 당회나 교회 내의 특정 계층만을 기쁘게 하려고 노력한다면 그는 자신이 누구의 종인지 잊고 있는 것입니다. 진정한 목회자는 그리스도의 종이며, 성도들의 영혼을 위하여 헌신하는 종입니다. 목회자는 항상 예수님을 위해 자신보다 다른 사람을 돌보는 사람입니다. 목회자가 다양한 사역을 수행하는 동안 이 질문들을 반드시 기억해야 합니다. 그리스도를 본받아서 어떻게 내가 사람들을 섬길 수 있을까요? 슬픔에 빠진 사람들을 내가 어떻게 도울 수 있을까요? 당신의 어려움을 제가 어떻게 도울 수 있을까요? 불확실성 속에서 어떻게 도울 수 있을까요? 어떻게 가르칠 수 있을까요? 어떻게 여러분을 격려할 수 있을까요? 제가 할 수 있는 모든 방법으로 당신을 섬기겠습니다. 여러분과 함께 기도하고 그리스도의 말씀을 전하겠습니다. 이는 사도이자 '동료 목회자'였던 베드로가 베드로전서에서 "너희 중에 있는 하나님의 양 무리를 치되 억지로 하지 말고 하나님의 뜻을 따라 자원함으로 하며 더러운 이득을 위하여 하지 말고 기꺼이 하며 맡은 자들에게 주장하는 자세를 하지 말고 양 무리의 본이 되라"(벧전 5:2-3)고 가르친 것과도 일치하는 태도입니다. 그리스도는 겸손한 종들을 사용하셔서 교회에서 많은 선한 일들을 이루실 것입니다.

목회사역 스케치

고린도후서에 나오는 바울의 목회사역은 1세기 초대 교회에서 그가 어떤 사역을 하였는지 보여줍니다. 동시에 그것은 오늘날 목회사역이 어떠해야 하며, 무엇을 강조해야 하는지 가르칩니다. 우리는 신약 성경을 통하여 목회자의 직무에 대해 명확하게 알 수 있습니다. 바울은 다른 시대와 문화 속에서 사역을 하였기 때문에, 바울서신이 오늘날 목회사역에 대한 모든 세부적인 질문들에 답할 수는 없습니다. 그러나 목회자의 정체성에 대한 바울의 가르침은 오늘날 목회자들에게 가장 중요한 것이 무엇인지 가르칩니다.

- 당신은 지금 목회자로서 매일 누구를 위해 일하고 있습니까? 당신을 부르시고 보내신 분이 그리스도라고 확신하면서, 날마다 당신은 그분을 위해 일하고 있습니까?

- 당신의 사역 속에서 성도들을 향한 당신의 궁극적인 소망은 무엇입니까? 사람들이 그리스도 예수에 대한 믿음으로 하나님과 화목을 누리기를 갈망합니까?

- 당신은 지금 교회에서 어떤 마음으로 수고하고 있습니까? 여러분은 예수님을 위해 겸손하고 헌신적으로 성도들의 종이 되고 있습니까?

제3장

아버지의 마음으로 목회하기

내가 자녀에게 말하듯 하노니
보답하는 것으로 너희도 마음을 넓히라
(고후 6:13)

•

바울이 고린도후서를 쓸 당시 그는 고난 속에서 위로가 필요했습니다. 그리고 바울은 하나님으로부터 위로를 받았습니다. 고린도후서 1장에서 바울은 어려운 목회사역과 고린도 교인들과의 갈등으로 인해 "힘에 겹도록 심한 고난"을 경험하였다고 말합니다(고후 1:8). 그러나 그 속에서 바울은 절박한 상황에서도 확실한 위로를 주시고 심지어 죽은 자를 다시 살리실 수 있는 하나님을 의지하는 법을 배웠다고 고백합니다(고후 1:9). 그래서 그는 감사로 이 편지를 시작합니다. "찬송하리로다 그는 우리 주 예수 그리스도의 하나님이시요 자비의 아버지시요 모든 위로의 하나님이시며 우리의 모든 환난 중에서 우리를 위로하사 우리로 하여금 하나님께 받는 위로로써 모든 환난 중에 있는 자들을 능히 위로하게 하시는 이시로디"(3-4절).

하나님은 연약한 바울에게 자비를 베푸시고 불확실한 상황에서도 그를 안심시키셨습니다. 아마도 바울은 성경에 기록된 하나님의 약속을 되새기거나 주께서 그에게 직접 말씀하신 메시지를 통해 위로를 받았을 것입니다(고후 12:9 참조). 어쨌든 사도 바울은 아버지 하나님의 선하심을 직접 경험했고, 그 위로를 고린도 교인들과 나누었습니다. "우리의 모든 환난 중에서 우리를 위로하사 우리로 하여금 하나님께 받는 위로로써 모든 환난 중에 있는 자들을 능히 위로하게 하시는 이시로다"(고후 1:4) 그는 그리스도를 통하여 우리를 위로하시는 아버지 하나님께 감사하였습니다. 그 힘으로 바울은 어려운 목회사역을 계속해서 감당할 수 있었습니다. 그는 자신의 목회사역에서 아버지 하나님의 위로와 선하심을 늘 바라보았습니다. 이번 장은 바울이 어떻게 아버지의 마음으로 목회를 하였는지 살펴볼 것입니다. 이는 "주 예수 그리스도의 아버지"를 우리의 아버지로 섬기는 특권을 받은 모든 목회자들에게 큰 교훈이 될 것입니다.

새로운 가족

신약성경에는 목회자나 감독자의 직무에 대한 다양한 이미지가 있습니다. 아마도 가장 잘 알려진 것은 하나님의 양떼를 돌보고 먹이는 목자일 것입니다(요 21:15-17, 행 20:28-29, 벧전 5:1-4 참조). 바울은 목회 서신에서 목회자의 사역에 대해 집에서 일상적으로 볼 수 있는 이미지를 사용합니다. 그는 목회자를 "거룩하고 주인의 쓰심에 합당하며 모든 선한 일에 준비된 그릇"(딤후 2:21)이라고 말합니다. 그리고 바울 서신 중 목회적인 내용이 풍성하게 담겨 있는 고린도후서에서 바울은 목회자를 아버지의 이미지로 설명합니다. 예를 들어, 고린도후서 6장 11-13절에서 바울이 고린도 교인들에게 "고린도인들이여 너희를 향하여 우리의 입이 열리고 우리의 마음이 넓어졌으니 너희가 우리 안에서 좁아진 것이 아니라 오직 너희 심정에서 좁아진 것이니라 내가 자녀에게 말하듯 하노니 보답하는 것으로 너희도 마음을 넓히라"고 말합니다. 바울은 그들에게 직접적으로 애정을 담아서 간청을 하면서 자신이 그들의 아버지이며, 그들이 서로 마음을 터놓고 사랑할 수 있는 관계임을 가르치고자 하였습니다.

부모로서 목회자의 이미지는 바울 서신의 다른 곳에서도 찾아볼 수 있습니다. 바울은 고린도전서에서 "그리스도 안에서 일만 스승이 있으되 아버지는 많지 아니하니 그리스도 예수 안에서 내가 복음으로써 너희를 낳았음이라"(고전 4:15)고 단언합니다. 갈라디아서에서는 바울이 매우 모성적인 의미로 이를 말합니다. "나의 자녀들아 너희 속에 그리스도의 형상을 이루기까지 다시 너희를 위하여 해산하는 수고를 하노니"(갈 4:19) 데살로니가 신자들에게 바울은 자신을 부드러운 어머니("너희 가운데서 유순한 자가 되어 유모가 자기 자녀를 기름과 같이 하였으나, 살전 2:7)로 묘사하는 동시에 사랑스럽고 간절한 아버지로 묘사합니다. "너희도 아는 바와 같이 우리가 너희 각 사람에게 아버지가 자기 자녀에게 하듯 권면하고 위로하고 경계하노니 이는 너희를 부르사 자기 나라와 영광에 이르게 하시는 하나님께 합당히 행하게 하려 함이라"(살전 2:11~12) 바울은 부모의 이미지를 교회들 속에서 계속되는 자신의 목회사역에 대한 강력한 은유로 보았습니다.

이 부모-자식의 이미지는 바울 서신뿐 아니라 모든 신약 성경이 가르치는 가족 됨과 관련하여 살펴볼 수 있습니다. 신약 신학의 핵심은 모든 신자가 내주하시는 성령을 통해 아버지 하나님 아래서 그리스도 안에서 새로운 가족을 이룬다는 진리입니다(요 1:12-13, 롬 8:14-17, 갈 4:4-7 참조). 이전에는 유대인과 이방인을 가르는 벽의 반대편에 살았던 바울과 새 신자들이 서로에게 낯선 사람이었지만, 이제는 그리스도에 대한 믿음을 공유함으로써 친밀한 가족이 되었습니다. 그래서 바울은 종종 교인들을 향하여 "형제, 자매"라고 불렀습니다. 그는 바울 서신에서 이 용어를 60회 이상 사용했습니다.

그런데, 고린도후서처럼 긴 서신에서는 바울이 교인들을 "형제, 자매"라고 부르는 횟수가 단 세 번뿐이라는 점은 주목할 만합니다. 어쩌면 고린도후서에서 형제, 자매라는 호칭이 자주 등장하지 않고 대신 아버지라는 호칭이 자주 등장하는 것은 바울과 고린도 교인들 사이에 긴장이 있었기 때문일 수도 있습니다. 평등의 의미가 내포되어 있는 '형제, 자매'는 권위뿐 아니라 애정과 양육을 암시하는 용어인 '아버지'로 대체되었습니다. 이는 하나님께서 바울을 사용하셔서 고린도 교인들을 믿음에 이르게 하셨으며(참조: 고전 4:15),

바울은 이들을 영적으로 낳은 아버지라는 사실을 미묘하게 상기시켰습니다. 바울의 반대자들의 경쟁적인 주장에 맞서 고린도 교인들은 그들이 회심을 했을 때부터 바울이 그들에게 어떤 복음을 전해 주었는지 생각해 볼 필요가 있었습니다. 따라서 그들은 바울의 지속적인 지도와 훈계, 애정을 기꺼이 받아들여야 했습니다.

아버지의 책무

구약 성경에서 아버지의 역할과 지위는 상당한 권위가 있습니다. 예를 들어, 잠언 1장 8절에서 솔로몬은 "내 아들아 네 아비의 훈계를 들으며 네 어미의 법을 떠나지 말라"고 권면합니다. 잠언 4:1에서도 "아들들아 아비의 훈계를 들으며 명철을 얻기에 주의하라"(참조: 잠 6:20)고 말합니다. 유대 문화에서 자녀는 부모, 특히 아버지를 공경해야 할 의무가 있었습니다(출 20:12, 잠 13:1, 15:5, 29:15). 또한 신실한 아버지는 아들이 하나님의 길에서 벗어나면 바로잡고 징계해야 했습니다: "매를 아끼는 자는 그의 자식을 미워함이라 자식을 사랑하는 자는 근실히 징계하느니라"(잠 13:24) 또한, 구약성경에서 생물학적 혈연관계가 없더라도 선하고 의미 있는 가르침을 제공한 사람을 '아버지'로 부르는 경우가 있습니다(열왕기하 2:12 참조).

그리스-로마 세계에서 아버지는 사회적으로 중요한 역할이 있었습니다. 아버지(paterfamilias)는 한 가정의 가장으로서 질대직이고 확고한 권위를 가진 사람이었습니다. 그는 아내, 자녀, 하인을 포함한 모든 가족 구성원의 사회적, 법적, 종교적 문제에 대해 지시할 수 있는 권한을 가졌습니다. 아버지는 부양 가족을 윤리적이고 훌륭한 로마 시민으로 키워야 할 책임을 가지고 있었습니다. 이러한 맥락에서 부모의 이미지는 당신의 정치 지도자나 철학자 등 그 사회의 지도자들에게 은유적으로 적용되었습니다. 예를 들어, 한 개인이 나라를 건국하거나 구하는 데 큰 역할을 한 경우 시민들은 그에게 국민을 위한 '아버지'라고 불렀습니다.

구약 성경과 그리스-로마 사회의 문화적 맥락을 고려하면 고린도 교인들은 바울이 적용하였던 아버지 이미지를 쉽게 이해할 수 있었을 것입니다. 또한 바울이 권위와 보호의 의미를 가진 아버지의 이미지 선택한 것을 보면, 아마도 그는 자신이 고린도 교인들과 특별한 관계를 가지고 있다고 생각한 것 같습니다. 바울은 이러한 특별한 관계를 통하여서 고린도 교인들의 성숙과 영적인 안정을 위한 사역을 하려고 하였습니다.

오늘날 목회자들이 교회를 설립하고, 고린도 교인들을 직접 그리스도께로 인도한 바울과 같은 방식으로 자신들이 교인들의 아버지라고 말할 수는 없습니다. 그러나 이 비유에는 오늘날 목회자들을 위한 교훈도 담겨 있습니다. 부모가 된다는 것이 아이를 낳는 일에만 국한되지 않는 것처럼, 목회자가 된다는 것도 전도나 교회를 설립하는 일에만 국한되지 않습니다. 부모와 목회자 모두 태어난 '자손'을 양육하고 돌보는 책임을 가지고 있습니다. 복음의 약속과 요구는 신자들의 삶 속에 적용되고 실천되어야 합니다. 바울이 보여준 아버지 같은 목회는 오늘날의 목회자들에게 신실한 양육이 영적 자녀들의 성장에 꼭 필요함을 가르칩니다.

아버지의 모습

바울은 고린도 교인들의 성장이 자신의 목회사역의 확실한 열매로 보았습니다. 수년 전, 그는 고린도 땅에 처음으로 복음을 전하였습니다. 그후 그는 고린도 교회를 방문하고 편지를 보내서 교회를 믿음으로 세우고 교리적, 도덕적 오류로부터 교인들을 보호하기 위하여 애를 썼습니다. 바울은 고린도 교인들이 자신의 고된 목회적 수고에 대한 간증이라고 말합니다. "너희는 우리의 편지라 우리 마음에 썼고 뭇 사람이 알고 읽는 바라"(고후 3:2)

그들의 영적 아버지로서 바울은 계속해서 고린도 교인들과 함께하기를 갈망합니다. 사실 성도들에게 관심이 없고, 그들과 함께하지 않는 사람이 그들의 아버지라고 할 수는 없습니다. 그는 자녀들이 성숙하고 성인이 된 후에도 계속해서 옳은 방향을 제시해줄 수 있는 아버지가 되고 싶었습니다. 당시 아들은 아버지의 가치를 계승하고 가문을 보존하는 자였습니다. 이러한 문화적 기대를 염두에 두고 바울은 고린도 교인들이 자신의 가치관과 신앙을 본받기를 원하였습니다. 필요할 때에는 아버지의 특권으로 자녀에게 가르치듯이, 그들에게 솔직하게 이야기하며 직접직으로 가르쳤습니다. 바울은 그들의 믿음 성장에 필요하다면 때로는 책망하고, 징계를 하기도 하였습니다(고후 10:6 참조). 고린도후서는 부모로서 사역하는 바울의 목회사역을 잘 보여줍니다. 이 편지에서 바울은 따뜻한 칭찬과 함께 엄한 훈계를 하며 고린도 교인들을 가르칩니다.

바울은 고린도후서 6장 11~13절에서 "고린도인들이여 너희를 향하여 우리의 입이 열리고 우리의 마음이 넓어졌으니"라고 말합니다. 여기에는 그의 아버지 같은 모습이 특히 잘 드러납니다. "너희가 우리 안에서 좁아진 것이 아니라 오직 너희 심정에서 좁아진 것이니라. 내가 자녀에게 말하듯 하노니 보답하는 것으로 너희도 마음을 넓히라"(고후 6:12-13) 바울은 고린도 교인들의 영적인 성숙을 위하여 목회적인 수고를 하였습니다. 그리고 이를 고린도 교인들이 알아주기를 바랐습니다. 자녀들이 마음을 열고 사랑으로 그를 받아들인다면(그가 그들에게 그랬던 것처럼), 하나님께서 바울과 고린도 교회가 서로 사랑하며, 그리스도 안에서 함께 자라갈 수 있도록 만드실 것입니다.

바울은 이 편지에서 자신의 부성적 권위를 주장하지만, 이를 오만한 방식으로 드러내지는 않습니다. 그 문화적 맥락에서 아버지와 자녀의 관계는 본질적으로 수직적인 상하 관계였지만, 이것이 폭압적인 구조를 의미하지는 않습니다. 사실, 바울 신학에서 '가족 관계'는 언제나 사랑에 의해 결합된 관계였습니다. 바울은 이미 고린도전서에서 성도들에게 부성적인 권위로 다가가는 대신 너그럽고 은혜로운 방식으로 다가갔습니다. "너희가 무엇을 원하느냐 내가 매를 가지고 너희에게 나아가랴 사랑과 온유한 마음으로 나아가랴"(고전 4:21) 고린도후서 1:24에서 "우리가 너희 믿음을 주관하려는 것이 아니요 오직 너희 기쁨을 돕는 자가 되려 함이니 이는 너희가 믿음에 섰음이라"고 말할 때에도 그러한 바울의 태도가 잘 드러납니다. 고린도후서에는 이러한 바울의 넘치는 사랑의 마음이 잘 드러납니다. 바울은 온유하게 그들을 양육하며, 그들의 순결을 바라고, 그들의 믿음을 기뻐하며, 그들을 신뢰하며, 그들의 온전함을 위하여 기도하고, 그들을 진정으로 사랑하였습니다.

온유한 양육

바울은 고린도후서 전에 그들에게 보낸 앞선 편지가 너무 공격적이라는 비난을 받았습니다(고후 10:9-10). 그런데 고린도후서에서도 여전히 바울은 고린도 교인들을 책망하는 말을 합니다. 그러나 그는 온유함을 잃어버리지 않았습니다. 예를 들어, 그는 "나 바울은… 그리스도의 온유와 관용으로 친히 너희를 권하고"(고후 10:1)라고 말합니다. 바울은 그가 다시 고린도 교인들을 강하게 책망해야 할 상황이 벌어지지 않기를 바랐습니다. 그래서 그는 고린도 교인들이 스스로 영적인 문제들을 깨닫고 회개하기를 소망하였습니다. 이를 위해 바울은 부드러운 방식으로 그들에게 권합니다. 이러한 태도로 바울은 고린도에서 언어적으로나, 심지어 육체적으로도 폭력을 행사하는 사람들과 자신을 비교합니다(고후 11:20). 바울은 자신이 그들을 겁주려 했다는 비난에 대응하고 자신의 온유한 태도가 비겁하지 않다는 것을 알리고자 하였습니다(고후 10:10). 궁극적으로 고린도후서 10:1에서 고백하는 것처럼, 예수님께서 이 땅에서 온유와 인내의 모범을 보이셨기에 바울도 그리스도를 본받고자 하였습니다. 그러므로 진정으로 예수님을 본받고자 하는 목회자는 권위로 명령하기보다 온유하게 설득하려고 노력할 것입니다.

고린도후서 앞부분에서 바울은 자신이 온유함으로 목회를 하고 있음을 말합니다. 그는 "오직 모든 일에 하나님의 일꾼으로 자천하여 많이 견디는 것과 … 오래 참음과 자비함과 성령의 감화와 거짓이 없는 사랑"(고후 6:4-6)으로 사역하였다고 고백합니다. 그는 스스로 자신이 사역을 함에 있어서 인격적인 문제가 없다고 확신합니다. 그리고 이러한 인내와 온유함은 고린도 교인들이 영적으로 성숙하기 바라는 바울의 목회적 열망에서 비롯되었습니다. 그는 고린도 교인들의 부족한 부분을 세심하게 살피며 가르치는 데 많은 시간을 쏟아붓습니다. 바울은 데살로니가전서 2:7에서 "우리는 그리스도의 사도로서 마땅히 권위를 주장할 수 있으나 도리어 너희 가운데서 유순한 자가 되어 유모가 자기 자녀를 기름과 같이 하였으니"라고 자신을 어머니에 빗대어 표현합니다. 이는 부모처럼 성도들을 아끼고 사랑하는 그의 마음이었습니다. 오늘날 목회자도 부모처럼 성도들을 아끼고 사랑한다면 바울처럼 인내와 온유함으로 그들을 섬길 것입니다.

이러한 온유함은 목회사역에서 다양한 순간에 나타날 수 있습니다. 예를 들어, 목회자는 설교 시간에 온유하게 교인들을 가르칠 수 있습니다. 그런데, 때로는 목회자들이 강단에서 성도들을 무례하게 공격하기도 합니다. 목회자가 끊임없이 성도들에게 의무 만을 강조하고, 그들의 삶의 영적인 실패만을 지적하기도 합니다. 이는 성도들을 고통스럽게 만드는 일입니다. 목회자가 때로는 성경의 가르침대로 성도들에게 강한 권면을 할 수도 있지만, 언제나 그리스도의 백성들에게 온유하게 대하기 위해 노력해야 합니다. 이를 위하여 목회자는 설교 한 편으로 모든 교리적인 문제나, 삶의 문제가 해결되지 않는다는 사실을 깨달아야 합니다. 설교사역에는 언제나 큰 인내가 필요합니다. 온유한 목회자는 자신도 하지 못하는 일을 성도들에게 기대하지 않습니다. 예를 들어, 목회자는 "쉬지 않고" 기도하며(살전 5:17 참조), 하루 중 단 한 순간도 경솔하게 보내지 않으며, 만나는 모든 불신자에게 복음을 증거하고 있나요? 자신의 불완전함과 연약함을 아는 목회자는 설교할 때에 온유함으로 "자녀"들에게 말씀을 가르칠 것입니다.

　마찬가지로 목회적 돌봄에서 온유함은 하나님의 백성들을 향한 부드러운 마음을 의미합니다. 한 사람을 잘 돌봐야 하는 책임을 알고 있는 온유한 목회자는 무엇보다 먼저 그 사람을 이해하려고 인내심을 가지고 그의 말을 경청할 것입니다. 목회자는 부드러운 마음으로 성도들의 복잡한 상황과, 그들의 약점과 어려움을 고려하면서 하나님의 은혜를 드러내기 위해 노력할 것입니다. 바울은 빌립보서 4:5에서 "너희 관용을 모든 사람에게 알게 하라"고 가르치는

데, 이는 목회자들이 반드시 귀담아 들어야 할 권면입니다. 온유한 목회자는 상처받은 사람을 위로하고, 고민하는 사람을 안심시키며, 그들의 눈물을 닦아주고, 짐을 덜어주려고 노력할 것입니다.

성도들의 순결을 향한 열심

고린도 교인들을 향한 바울의 아버지 같은 목회사역의 두 번째 측면은 그들의 영적 순결에 대한 갈망입니다. 그는 고린도후서 11:2에서 이렇게 말합니다. "내가 하나님의 열심으로 너희를 위하여 열심을 내노니 내가 너희를 정결한 처녀로 한 남편인 그리스도께 드리려고 중매함이로다." 구약성경에는 하나님을 신랑으로, 이스라엘을 그분의 신부로 비유하는 이미지가 나옵니다(사 54:1-6, 겔 16장, 호 1-3장). 신약에서 이 이미지는 예수님을 하늘의 신랑으로, 교회는 그분의 신부로 묘사합니다(엡 5:22-23; 계 19:7; 21:2, 9). 그리고 고린도후서 11장에서 바울은 예수님의 신부인 교회의 순결을 지키기 위하여 아버지와 같은 역할을 수행하고 있습니다.

이를 이해하기 위해 여성이 결혼할 때 어떤 순간이 있는지 생각해 볼 수 있습니다. 예를 들어 서양 문화권에서는 신부가 아버지와 함께 교회의 복도 끝에서 천천히 앞으로 걸어가 신랑에게 다가갑니다. 신부의 얼굴에서 베일이 벗겨지고 아버지가 신랑이 될 남편에게 신부를 소개합니다. 이 중요한 순간을 위하여 신부는 드레스, 머리, 얼굴, 꽃, 장신구 등 많은 준비를 합니다. 그러나 교회의 경우,

신부로서 자신을 아름답게 만들기 위해 할 수 있는 일이 없습니다. 신부를 사랑스럽게 만드는 것은 그리스도의 일입니다. 교회는 신실하지 못한 신부, 즉 죄로 오염되고 타락한 성품으로 인하여 아름다움이 전혀 없는 신부와 같습니다. 그러나 이것이 바로 그리스도께서 나타내신 남편의 사랑입니다. 그분은 우리를 "티나 주름잡힌 것이나 이런 것들이 없는 거룩하고 흠이 없는 영광스러운 교회"(엡 5:27)로 만드셨습니다. 교회는 그리스도와의 연합을 통해 가장 아름다운 신부가 되었습니다. 그분의 사랑으로 교회는 죄의 허물이나 세속적인 얼룩, 교회의 순결을 해칠 수 있는 아주 작은 흠 하나도 남지 않을 것입니다.

그리스도의 종이자 고린도 교인들의 아버지로서 바울은 자신의 "딸"이 순결을 지키기를 원한다고 말합니다. 그 당시 아버지는 일반적으로 딸에게 합당한 짝과 결혼시킬 책임을 가지고 있었습니다. 바울은 이러한 자신의 책임이 에덴동산에서 하와를 속인 뱀과 같은 교활한 속임수에 의해 좌절될 위험을 염려하였습니다(고후 11:3). 고린도 교인들이 실제로 유혹을 받아 영적 간음을 저질렀든 아니든, 바울은 딸의 명예와 순결을 보호해야 하는 막중한 의무를 갖고 있었습니다(참조, 신 22:13-21). 그는 고린도 교회를 향한 어떤 공격도 막고 부적절한 접근도 막아내기 위하여 노력할 것입니다. 신부의 아버지로서 바울은 그리스도와 그분의 교회가 마지막 날에 온전히 연합하는 것을 보고자 하는 하나님의 소망을 알고 있었기 때문에 자신의 사명을 매우 심각하게 받아들였습니다. 바울은 그날을 기다리면서, 특히 교회의 순결이 심각하게 위협받는 상황에서 그리스도의 교회의 사랑과 신실함, 순종을 위하여 노력하였습니다.

성도들의 신앙의 순수함과 신실한 헌신은 오늘날 목회자에게 가장 중요한 관심사가 되어야 합니다. 교회의 영적인 안녕을 위협하는 요소는 무수히 많습니다. 이러한 위험은 인간의 기원, 성경의 권위, 그리스도의 속죄 사역에 대한 잘못된 가르침에서 비롯되기도 합니다. 또한 교회 구성원들을 끊임없이 괴롭히는 세속적인 유혹도 있습니다. 교회의 순수함을 향한 아버지의 열심으로 목회자는 이러한 수많은 유혹과 이단의 위험에 직접 맞서야 합니다. 그는 교리적 분별력을 가르치고 마귀의 유혹에 경고함으로써 수많은 거짓된 위협으로부터 신자들을 보호해야 합니다. 그리스도는 지금도 자신의 신부된 교회를 거룩하게 만들고 계십니다. 이를 알고 있는 목회자는 교회가 하나님과 구주를 위해 순결함을 유지할 수 있도록 교인들의 영적인 순결에 깊은 관심을 기울일 것입니다.

성도들의 믿음으로 인한 기쁨

바울은 아버지가 자녀들의 성장을 바라보면서 기뻐하듯이 고린도 교인들의 믿음과 순종을 바라보면서 기뻐하였습니다. 고린도 교인들에 대한 그의 기쁨은 여러 구절에서 표현됩니다. 바울은 고린도후서 초반에 그의 목회사역이 아무리 힘들더라도 결국에는 큰 기쁨으로 열매를 맺게 될 것이라고 암시합니다. "내가 다시는 너희에게 근심 중에 나아가지 아니하기로 스스로 결심하였노니 … 내가 이같이 쓴 것은 내가 갈 때에 마땅히 나를 기쁘게 할 자로부터 도리어 근심을 얻을까 염려함이요 또 너희 모두에 대한 나의 기쁨이 너희 모두의 기쁨인 줄 확신함이로라"(고후 2:1-3) 복음에 대한 고린도 교인들의 믿음과 순종은 바울의 슬픔을 기쁨으로 바꿀 수 있었습니다. 그리고 바울은 이런 가능성이 점점 커지고 있음을 생각하면서 기뻐합니다. "내가 범사에 너희를 신뢰하게 된 것을 기뻐하노라"(7:16) 고린도 교인들의 신실함이 바울의 기쁨을 더해줄 것이 분명하지만, 바울은 고린도 교인들도 복음 안에서 새로운 기쁨을 경험하기를 원했습니다. "우리가 너희 믿음을 주관하려는 것이 아니요 오직 너희 기쁨을 돕는 자가 되려 함이니"(1:24) 그리스도를 통하여 하나님과의 관계가 회복된 고린도 교인들은 주 안에서 기쁨을 갖게 될 것입니다(빌 4:4 참조).

바울은 자신을 고린도 교인들의 믿음의 아버지라고 생각하였기에 그는 기뻐할 수 있었습니다. 자녀의 경건한 성품과 성장으로 인해 자녀가 자신의 기쁨이라고 말하는 아버지처럼, 바울은 성도들의 믿음으로 인해 기뻐할 것입니다. 그리고 바울은 고린도 교인들이 믿음과 회개를 통해 지속적인 영적 기쁨을 누릴 수 있기를 바라고 있습니다. 그래서 바울은 "내가 우리의 모든 환난 가운데서도 위로가 가득하고 기쁨이 넘치는도다"(고후 7:4)라고 말합니다. 이 기쁨은 특히 고린도 교회를 방문했다가 바울에게로 돌아온 디도의 긍정적인 보고를 들은 후에 더욱 커졌습니다. "그가 너희에게서 받은 그 위로로 위로하고 너희의 사모함과 애통함과 나를 위하여 열심 있는 것을 우리에게 보고함으로 나를 더욱 기쁘게 하였느니라"(7:7) 바울은 다른 서신에서도 성도들이 믿음으로 살거나 죄를 회개할 때 경험하는 기쁨에 대해 이야기합니다(빌 4:1, 살전 3:9). 바울도 처음에는 고린도 교인들로 인해 많은 근심을 했지만, 고린도 교회 안에 긍정적인 변화가 일어나면서 이제 "내가 기뻐하는 것은 너희로 근심하게 한 까닭이 아니요 도리어 너희가 근심함으로 회개함에 이른 까닭이라"(고후 7:9)고 고백하게 되었습니다.

기쁨으로 가득 찬 이 고백은 목회적 관계의 본질을 잘 보여줍니다. 그는 고린도 교인들과 하나가 되어서 그들의 약점과 강점, 고난과 수고가 모두 자신의 것이 되고(고후 11:28-29), 그들의 성장이 바울의 기쁨이 되었습니다. 이는 그리스도께서 우리에게 보여주신 사역입니다. 그분은 자신을 죄인과 하나로 묶으시고, 죄인을 도우시고, 그들을 하나님 앞에서 다시 온전하게 하셨습니다(빌 2:7, 히 2:14). 그리스도와 같이 바울도 고린도 교인들이 회개하고 그리스도 안에서 성장할 때, 자신의 근심이 솟구치는 기쁨으로 변화되는 것을 경험할 수 있었습니다.

오늘날의 목회자들도 바울처럼 기뻐할 수 있습니다. 목회자는 하나님께서 교인들을 통해 일하시는 것을 볼 때, 교인들의 영적인 성장과 헌신을 바라보면서 기뻐할 수 있습니다. 특별히 죄 가운데 살던 사람이 회개하고 그리스도를 따르기로 결심할 때 그는 큰 기쁨을 느낄 수 있습니다. 주일마다 신실하게 앉아있는 어린이, 헌신적인 청년, 경건한 남편과 아내, 회복 중인 중독자, 든든하게 자리를 지키고 있는 노인 등 목회자에게 다양한 교인들일 기쁨을 줍니다. 또한, 가난한 사람들을 축복하고, 외로운 사람들을 도우며, 어려움을 겪는 사람들을 격려하는 성도들의 친절을 바라보면서 목회자는 기쁨을 누릴 수 있습니다. 모든 목회사역에는 절망과 괴로움의 시간들도 있지만, 목회자는 하나님께서 자신의 성도들 가운데에서 일하심을 바라보며 기뻐할 수 있습니다. 성령께서 하나님의 자녀들 사이에서 일하고 계시며, 하나님의 말씀이 그들의 삶을 변화시키는 것을 보면서 목회자로는 아버지의 마음으로 크게 기뻐할 수 있습니다.

성도들을 향한 신뢰

바울은 고린도 교회에서 여러 가지 어려운 도전들 속에서도 낙심하지 않았습니다. 오히려 그는 고린도 교인들이 언젠가 자신의 가르침과 목회적 돌봄에 응답할 것이라고 확신하였습니다. 고린도후서 7:4에서 그는 "너희를 위하여 자랑하는 것도 많으니"라고 말합니다. 아버지 같은 목회자로서 바울은 사랑하는 고린도 교인들이 계속해서 올바른 방향으로 나아갈 것이라고 확신합니다. 그는 고린도 교인들의 믿음이 말씀에 대한 순종으로 나타날 것이라고 믿었습니다. 후에 예루살렘의 가난한 교회를 위한 모금에 대해 말할 때에도 바울은 고린도 교인들이 기꺼이 아낌없이 헌금할 것이라 확신합니다. "이는 내가 너희의 원함을 앎이라 내가 너희를 위하여 마게도냐인들에게 아가야에서는 일 년 전부터 준비하였다는 것을 자랑하였는데 과연 너희의 열심이 퍽 많은 사람들을 분발하게 하였느니라"(고후 9:2)

바울이 고린도 교회에 대해 이렇게 담대하게 말하는 것은 놀라운 일입니다. 고린도 교회는 문제가 많이 있었고 분열되어 있으며 율법주의적이고 반항적이며 부도덕하고 배은망덕한 교회였습니다. 또한, 고린도 교회는 목회자인 바울에 대한 신뢰가 눈에 띄게 부족한 교회였지만 바울은 그들을 신뢰하며, 그들의 열심을 자랑한다고 말합니다. 이러한 바울의 자신감은 고린도 교인들의 은사나 능력에 근거한 것이 아니라 그들을 붙드시는 그리스도의 능력과 하나님의 신실하심에 근거한 것입니다. 그는 "너희가 믿음으로 서 있는 것"(1:24)이 기쁘다고 말하며, 그들이 하나님을 계속 신뢰하면 앞으로도 계속하여 굳건히 서 있을 것이라고 확신합니다. 바울은 고린도 교인들을 바라보면서 하나님의 은혜를 더욱 구하였습니다. 그는 고린도 교인들과 목회적 관계를 포기하지 않았으며, 많은 어려움이 있더라도 결국에는 모든 것이 회복되며 아름다운 열매를 맺을 것을 확신하였습니다.

이러한 목회적 자신감은 오늘날에도 필요합니다. 물론 목회 현장에는 비관주의에 빠질 만한 이유가 많이 있습니다. 인간의 완고한 교만과 안일함의 위험이 늘 도사리고 있으며, 우상 숭배와 불신앙의 유혹에 끌려 다니는 성도들이 과연 예수님이 다시 오시는 날까지 믿음을 지킬 수 있을까 의문이 들 수도 있습니다. 인간적으로 생각하면 이는 당연한 염려입니다. 목회자와 교인들의 관계가 항상 좋을 수는 없습니다. 그러나 깨어진 교회도 여전히 그리스도의 교회이며, 그 안에서 역사하시는 성령은 그리스도의 영입니다. 하나님은 우리의 모든 연약함과 죄에도 불구하고 그분의 전능하신 능력으로 우리를 계속 굳건히 붙드시고 성장하게 하실 것이라고 약속하셨습니다. 이 약속 때문에 목회자가 교회를 바라보며 확신을 갖게 됩니다. 교회는 하나님의 작품이고 하나님은 신실하시기 때문입니다.

성도들의 온전함을 위한 기도

고린도 교인들을 향한 '아버지 바울'의 마음은 그들을 위한 기도에서도 볼 수 있습니다. 바울은 하나님의 도움이 없이는 우리가 아무것도 할 수 없음을 알고 있기 때문에, 성도들의 필요를 가지고 하늘에 계신 아버지 앞에 나아갑니다. 실제로 바울은 그가 세운 교회들을 위해서 기도하였습니다(엡 3:14-19, 빌 1:3-11, 살전 3:9-13 참조). 바울의 기도는 추상적인 뻔한 기도가 아니었습니다. 그는 각 교회의 성도들의 상황 속에서 그들의 믿음을 위하여 구체적으로 기도하였습니다. 그는 자신이 전도하고 사역하였던 사람들 가운데 복음이 더욱 진전되기를 소망하였으며, 이 소망을 가지고 하나님께 기도하였습니다.

바울은 다른 교회와 마찬가지로 고린도 교인들을 위해서도 늘 기도하였습니다. 고린도후서에 나오는 바울의 기도는 다른 서신에 나오는 기도만큼 길지는 않지만, 바울은 고린도 교인들을 위해 늘 습관처럼 기도하였습니다. 바울은 성도들이 "믿음 안에 있는지"(고후 13:5) 스스로를 시험하라고 권면한 후, 나는 "하나님께서 너희로 악을 조금도 행하지 않게 하시기를 구하노니"(고후 13:7)라고 말합니다. 바울은 고린도 교회에서 그의 목회사역이 인정받기를 구하였을지도 모르지만, 더욱 그가 구하였던 것은 고린도 교인들이 거룩하게 되기를 바라는 기도였습니다. 그리고 바울은 고린도 교인들을 대신하여 하나님께 계속 기도합니다. "우리가 약할 때에 너희가 강한 것을 기뻐하고 또 이것을 위하여 구하니 곧 너희가 온전하게 되는 것이라"(고후 13:9) 바울은 자신의 훈계를 긍정적으로 받아들이는 성도들의 태도에 기뻐하지만, 그들이 온전함을 향하여 계속해서 성숙해지기를 원합니다. 고린도의 온전한 성숙을 위해서 그들은 성경의 가르침으로 완전히 돌아서고, 거짓 사도들을 배격하며, 거룩함을 지속적으로 추구해야 합니다. 목회자로서 바울은 그들이 강하고 견고한 믿음을 갖기를 원했고, 이러한 갈망은 그로 하여금 기도로 늘 하나님 앞에 나아가게 했습니다.

  그러면서 동시에 바울은 자신을 위해서도 기도를 요청합니다. 고린도후서 1:10-11절에서 그는 "그가 이같이 큰 사망에서 우리를 건지셨고 또 건지실 것이며 이 후에도 건지시기를 그에게 바라노라 너희도 우리를 위하여 간구함으로 도우라 이는 우리가 많은 사람의 기도로 얻은 은사로 말미암아 많은 사람이 우리를 위하여 감사하게 하려 함이라"고 말합니다. 바울은 자신의 목회사역을 위협하는 수

많은 위험을 알고 있었으며, 그래서 고린도 교인들에게 자신을 위해 기도해 달라고 요청합니다. 이런 기도 요청은 바울이 다른 교회에 보낸 편지에서도 발견할 수 있습니다. 그는 여러 교회에 자신의 사역을 위해 지속적으로 기도해줄 것을 요청하였습니다(롬 15:30, 엡 6:19-20, 빌 1:19 참조). 이와 같이 성도들과 목회자가 서로를 위하여 기도할 때 그리스도의 교회는 더욱 풍성한 복을 누리게 될 것입니다.

바울의 모범을 따라 목회자는 자신이 돌보는 성도들을 위해 기도해야 합니다. 목회자는 고린도 교인들을 위한 바울의 기도(고후 13:9)처럼 성도들의 신앙의 회복을 위하여 기도해야 합니다. 이는 그들이 성경의 가르침을 따라서 신실하게 그리스도를 따를 수 있도록 간구하는 기도입니다. 또한 목회자는 성도들의 사랑이 자라나고, 그들에게 영적인 통찰력 생기며, 그들이 겸손하게 섬기며, 수많은 유혹 앞에서도 흔들리지 않도록 기도해야 합니다. 목회 현장에 있는 수많은 도전들 앞에서 목회자는 더욱 기도해야 합니다.

모든 성도들과 목회자는 기도의 중요성을 알고 있습니다. 그러나 기도를 소홀히 여기는 경향은 교회 내에서 언제나 발견됩니다. 목회 현장에서도 기도는 심방, 설교 준비, 다양한 회의, 모임 등 다른 일들에 치여서 쉽게 뒷전으로 밀려 있습니다. 목회자는 늘 현장에 있는 산적한 일들 때문에 집중적으로 기도할 시간이 거의 없습니다. 그러나 하나님을 겸손히 의지하고, 아버지의 마음으로 성도들을 사랑하는 목회자는 반드시 시간을 내서 기도할 것입니다.

성도들을 향한 사랑

고린도후서 전체에서 나타나는 바울의 마음은 온유하고 진실된 사랑입니다. 이는 바울의 다른 서신에서도 이러한 목회적 사랑의 표현이 등장합니다. 예를 들어, 그는 빌립보 교인들에게 "그러므로 나의 사랑하고 사모하는 형제들, 나의 기쁨이요 면류관인 사랑하는 자들아 이와 같이 주 안에 서라"(빌 4:1)라고 편지를 씁니다. 또한 바울은 데살로니가 교회를 향한 사랑을 생각하면서 그들에게 이렇게 말합니다. "우리가 이같이 너희를 사모하여 하나님의 복음뿐 아니라 우리의 목숨까지도 너희에게 주기를 기뻐함은 너희가 우리의 사랑하는 자 됨이라"(살전 2:8). 바울은 분명 성도들을 사랑하였던 목회자였습니다!

바울은 늘 교회에 대하여 주저함 없이 애정을 표현하였지만, 고린도 교회를 향하여서는 더욱 두드러집니다. 그들과의 관계에서 바울을 괴롭히는 수많은 문제에도 불구하고, 그리고 고린도 교인들이 자신을 근심케 하였음에도 불구하고, 그는 고린도후서에서 다른 어떤 편지보다 더 자주 자신의 목회적 애정을 고백합니다. 예를 들어, 고린도후서 2:4에서 바울은 그 이전에 보냈던 고통스러운 편지를 회상하면서 자신의 사랑을 표현합니다. "내가 마음에 큰 눌림과 걱정이 있어 많은 눈물로 너희에게 썼노니 이는 너희로 근심하게 하려 한 것이 아니요 오직 내가 너희를 향하여 넘치는 사랑이 있음을 너희로 알게 하려 함이라" 그는 자신의 과거의 편지가 그들에게 상처나 불쾌감을 주려는 마음에서 비롯되었던 것이 아님을 강조합니다. 오히려 그 반대였습니다. 그의 간곡한 훈계는 고린도 교인들에 대한 깊은 관심과 사랑의 표현이었습니다. 그리고 고린도후서 11:11에서 바울은 자발적으로 자비량으로 사역하는 이유를 다음과 같이 설명합니다. "어떠한 까닭이냐 내가 너희를 사랑하지 아니함이냐 하나님이 아시느니라!" 이런 항변은 고린도 교인들에 대한 바울의 마음을 드러내며, 그가 교회를 사랑하지 않는다는 불평에 대한 바울의 응답이었습니다. 바울은 고린도 교인들에게 자신이 항상 그들을 위하여, 사랑으로 대하였다는 것을 알리고자 노력하였습니다. 그는 고린도후서 6장에서 자신의 사역에 대하여 이렇게 말합니다. "오직 모든 일에 하나님의 일꾼으로 자천하여… 거짓이 없는 사랑으로"(4-6절). 이 "거짓이 없는 사랑"으로 번역된 구절은 문자 그대로 "위선 없는 사랑"을 의미합니다. 바울은 항상 가식이나 속임수 없이 고린도 교인들을 섬기려고 노력했습니다.

"사랑합니다"라고 말하기는 쉽지만 그 사랑을 실제로 보여주기는 훨씬 더 어렵습니다. 그래서 바울은 말로만 사랑을 고백하는 것 이상으로 고린도 교인들에게 자신이 어떻게 그들을 사랑했는지 드러냅니다. 그는 그들에게 복음을 전했고(고후 10:14), 그들을 높이려고 자신을 낮추었으며(고후 11:7), 그들을 세우기 위하여 헌신했고(고후 12:19), 그들을 위하여 재물을 사용했으며(고후 12:15), 그들에게서 이득을 취하지 않았으며(고후 12:17), 사심이 없는 부모이고(고후 12:14), 그들을 사랑으로 훈계하였으며(고후 12:20), 그들에게 신실한 삶을 살도록 도전했습니다(고후 13:5). 바울은 고린도후서 12:15에서 "내가 너희 영혼을 위하여 크게 기뻐하므로 재물을 사용하고 또 내 자신까지도 내어 주리니 너희를 더욱 사랑할수록 나는 사랑을 덜 받겠느냐"라고 역설적으로 말합니다. 바울은 고린도 교인들에게 가까이 다가갈수록 그들이 더욱 멀어지는 것처럼 느꼈습니다. 바울은 고린도 교인들 중 일부는 분명히 자신을 향한 애정과 열심이 있다는 것을 알고 있었지만(고후 7:7), 성도들에게 다시금 진실한 사랑을 보여 달라고 간청합니다. "너희가 우리 안에서 좁아진 것이 아니라 오직 너희 심정에서 좁아진 것이니라" 그리고 "마음으로 우리를 영접하라"(고후 6:12; 7:2). 바울은 그들에게 애정을 요구할 때 자신의 약함을 드러냅니다. 그는 자신의 호소가 그들의 영적 성장으로 이어질 수 있기를 바라며 자신은 기꺼이 연약하고 궁핍한 모습으로 비춰지기를 원하였습니다.

사랑은 다른 사람을 위하여 이타적으로 헌신하는 것입니다. 특히 목회자의 아버지 같은 사랑은 교회의 영적 성장을 위한 그의 희생적인 헌신으로 표현됩니다. 수년 전 신학교에서 한 교수님은 "사람들은 당신이 얼마나 많이 아는지가 아니라, 당신이 얼마나 그들에게 관심을 갖고 있는지 알고 싶어 한다"고 말씀해주셨습니다. 신학적 지식과 성도들을 향한 애정 어린 관심이 상호 배타적인 것이 아니지만, 신실한 목회를 위해서 반드시 필요한 것은 성도들을 향한 애정 어린 관심입니다. 목회자는 의심할 여지없이 많은 지식을 가지고 있으며, 대부분 수년간 중등 및 고등 교육을 받고 방대한 양의 신학책을 읽었습니다. 하지만 성도들의 마음속에는 목회자가 진정으로 자신을 소중히 여긴다는 확신이 있어야 합니다. 성도들을 향하여 훈계나 경고를 해야 할 때에도 목회자는 사랑으로 가득 차 있어야 합니다. 진정한 목회자는 어떤 상황에서도 자신이 맡은 성도들의 유익을 추구합니다.

우리가 사람들을 더 많이 사랑할수록 그들의 고통과 슬픔을 더 많이 짊어지게 됩니다. 바울은 영적인 자녀들의 약함과 어려움을 짊어지는 고통을 담당하였습니다(고후 11:28-29 참조). 헌신적인 목회자라면 누구나 교인들의 상실과 좌절, 어려움으로 인한 고통을 경험합니다. 그리스도 안에서 성도들은 목회자에게 가장 소중한 존재이고, 목회자는 사랑으로 그들을 향해 나아갑니다. 그런데 성도들 가운데 어떤 사람들은 도무지 사랑하기 어려운 사람들이며, 목회자의 친절에 분노로 응답하고 짜증과 분노로 목회자를 대하는 사람들도 있습니다. 그러나 바울은 고린도 교인들에 대한 그의 모범을 통하여서 오늘 우리 목회자들에게 변함없이 그들을 사랑으로 대하라고 가르칩니다. 우리는 그리스도를 사랑하므로 기꺼이 그분의 일을 할 것입니다. 우리는 그리스도를 사랑하므로 그분의 백성도 계속 사랑할 것입니다.

결론: 열린 마음

고린도 교인들에 대한 바울의 변함없는 이타적인 사랑은 놀랍습니다. 이는 아버지로서 바울의 마음을 잘 드러냅니다. 하나님의 계획 안에서 목회자와 성도들의 유대감은 매우 깊습니다. 그러나 이러한 사랑에는 희생이 필요하고 종종 고통이 수반됩니다. 그러나 사랑은 고통보다 훨씬 더 큰 기쁨을 가져다 줍니다. 목회자가 성도들의 순결을 위하여 열심을 가지고 늘 기도하며, 온유함과 사랑의 정신으로 교회를 위해 헌신하며, 교회가 감사와 열린 마음으로 그의 양육과 돌봄을 받아들일 때 목회자와 교회 모두 기쁨으로 충만하게 될 것입니다. 이러한 "열린 마음"(고후 6:13)의 관계는 목회자와 교인들에게 모두 축복이 되며 하나님께 영광이 될 것입니다.

제4장

그리스도의 영광을 위하여 설교하기

우리는 구원 받는 자들에게나 망하는 자들에게나
하나님 앞에서 그리스도의 향기니
(고후 2:15)

●

아마도 여러분은 매 주일마다 설교를 전하고, 설교를 들을 것입니다. 설교를 소중히 여겨온 교회에서 설교자나 성도들 모두 설교의 중요성을 잘 알고 있습니다. 하지만 설교는 우리에게 어떤 의미가 있을까요? 오늘날 우리 사회에서 설교라는 단어는 종종 부정적인 뉘앙스를 가지고 있습니다. 때때로 윤리적인 비판을 하는 사람들에게 "설교하지 마"라고 말하기도 합니다. 무엇을 믿어야 하는지, 어떻게 행동해야 하는지 가르치려는 사람들에게 반발하는 마음이 드는 것은 당연한 일입니다. 때때로 성도들 중에는 주일 아침 설교를 들으면서, "도대체 누가 저 대머리 중년 남성에게 내 인생에 대해 권위 있게 말할 권리를 주었지"라고 반문하는 사람도 있을 수 있습니다. 따라서 우리는 도대체 하나님의 말씀이 무엇인지 정확히 아는 것이 중요합니다.

신약성경을 통하여서 우리는 설교에 대한 몇 가지 아주 중요한 진리를 배울 수 있습니다. 디모데후서 4:2의 "말씀을 전파하라!"는 사도적 명령은 목회자에게 설교의 책무를 가르칩니다. 이 본문에서 "전파하라"는 헬라어 동사는 다른 사람을 대신하여 메시지를 전하는 것을 의미합니다. 예를 들어, 바울 시대에는 왕이나 총독보다 먼저 도시로 가서 그의 오심을 알리고 그의 뜻을 알리기 위한 "설교"를 하는 사람들이 있었습니다. 신약성경에서 "설교"는 우월한 지위와 권위를 가진 누군가를 대신하여 선포하는 것을 의미합니다. 오늘날에도 설교자는 재림하실 진정한 왕을 대변하는 대사입니다(고후 5:19-20 참조). 설교자는 하늘에서 보내신 분의 메시지를 전하며 사람들이 주님을 영접할 준비를 하게 합니다.

사도 바울의 할 일 목록이 있다면, 아마도 굵은 글씨로 밑줄과 함께 제일 첫 번째로 기록된 그의 일은 설교일 것입니다. 바울은 무엇을 하도록 부름 받았을까요? 그리고 모든 목회자는 무엇을 하도록 부름 받았나요? 바울이 고린도전서에서 자신의 일에 대해 이렇게 말합니다. "내가 너희 중에서 예수 그리스도와 그가 십자가에 못 박히신 것 외에는 아무 것도 알지 아니하기로 작정하였음이라"(고전 2:2). 이것이 그의 설교 사역의 초점이었습니다. 바로 기름 부음 받은 왕이신 그리스도를 선포하는 것입니다. 오늘날 설교자는 십자가에 못 박혀 죽으시고 부활하신 예수님을 통한 구원의 메시지를 전해야 합니다. 그리스도는 우리의 고난 속에서 소망이 되시고, 비참한 상황에서 우리를 구원하시며, 우리의 의와 구원이 되십니다. 이

것이 바로 바울과 모든 설교자가 전해야 할 메시지입니다. 이번 장에서는 새 언약의 일꾼으로서 그리스도를 전파하는 바울의 임무와 그가 격렬한 비판 앞에서도 어떻게 계속 설교할 수 있었는지, 그리고 오늘날의 목회자들이 어떻게 영광스러운 복음을 전할 수 있는지 살펴볼 것입니다.

그리스도 안에서 새 언약을 설교하기

바울은 고린도후서 3-6장에서 자신의 설교 사역의 영광에 대해 말합니다. 여기서 그는 먼저 옛 언약과 새 언약의 본질을 설명하며 하나님의 백성들이 이를 어떻게 받아들여야 할지 설명합니다. 시내산의 영광과 천둥과 번개가 동반되었던 옛 언약은 의심할 여지없이 장엄했습니다(고후 3:7-11; 출 19:16 참조). 그리고 이스라엘의 하나님 여호와를 만난 후 모세의 얼굴은 도무지 감당할 수 없는 찬란한 광채로 빛났습니다(고후 3:7, 13; 참조, 출 34:29-30). 그곳은 시내산이었습니다. 그곳에는 장엄하고 찬란한 하나님의 계시가 있었습니다. 거룩하고 살아계신 하나님이 가까이 오시면 모든 인간은 두려움과 떨림으로 응답해야 했습니다. 이것이 바로 하나님의 위엄이었습니다. 그분의 완전한 거룩함은 워낙 압도적이었기 때문에 이를 축소할 수 없었습니다. 그러나 거룩하신 주님은 자기 백성과 언약을 맺어 그들과 교제하기를 원하셨습니다. 그분은 자신의 백성을 짓밟는 폭군은 아니었습니다. 그럼에도 불구하고 주님은 여전히 거룩하고 공의로우시며 전능하신 하나님이셨습니다. 그분은 영광과 광채로 옷을 입으신 분입니다(출 3:14). 그 결과 시내산에는 큰 두려움이 있었고, 4일 동안 충격과 경외감으로 가득했습니다(히 12:18-21).

시내산에서 일어난 사건은 죄 많은 인간이 거룩하신 하나님과 얼마나 다른지 분명히 드러냈습니다. 인간은 그 어느 누구도 하나님께 다가갈 수 없습니다. 하나님은 인간에게 다가오실 수 있습니다. 인간의 죄가 제대로 처리되고 죄인들이 깨끗해지면, 하나님께로 나아가는 길이 열릴 수 있습니다. 그러나 궁극적으로 옛 언약은 그 길을 제공하지 못했습니다. 율법을 불완전하게 지키는 것은 하나님의 완전하고 거룩한 기준에 부합하지 않았으며, 끝없는 동물 제사로는 이스라엘의 죄와 허물을 속죄할 수 없었습니다(히 10:4). 모든 면에서 옛 언약은 잠정적이었고, 장차 일어날 일을 바라보고 있었으며, 그 "영광은 지나가고" 있었습니다(고후 3:7). 따라서 구약 시대에 하나님은 이미 새 언약(렘 31:31-34, 겔 36:26-27)을 약속하셨고, 그 언약은 예수님의 완전한 희생으로 마침내 드러났습니다.

바울은 고린도 교인들에게 그리스도를 통한 새 언약이 전적으로 우월하다는 점을 강조합니다. "어두운 데에 빛이 비치라 말씀하셨던 그 하나님께서 예수 그리스도의 얼굴에 있는 하나님의 영광을 아는 빛을 우리 마음에 비추셨느니라"(고후 4:6) 죄인들은 진노로 가득 찬 심판자를 보는 대신 그리스도 안에서 빛나는 아버지의 얼굴을 볼 수 있습니다. 죄인들은 두려움 속에서 하나님께 외면당하는 것이 아니라, 아버지 하나님께서 초청하시는 평화로 들어갈 수 있게 되었습니다. 이스라엘 백성들은 시내산과 성전 문 뒤에 서서 주저하고 있었지만, 우리는 그리스도 안에서 이제 담대하게 하나님의 임재 앞에 나아갈 수 있게 되었습니다. 은혜롭게 새 언약에 포함된 사람들은 "주의 영광을 보며"(고후 3:18) 하나님의 위엄의 광채 속에 설 수 있습니다. 하나님과 원수가 되어서 멀리 있었던 죄인들이 이제 예수 그리스도를 통해 하나님과 가까워졌습니다! 하나님께서는 그분의 아들의 희생을 통해 어느 누구도 도저히 넘을 수 없었던 죄의 장벽을 허물어 버리셨습니다. 그분은 죄인이 용서받을 수 있음을 선포하셨고 신자들을 사랑의 교제로 환영하셨습니다. 그리스도 예수를 통해 새 언약을 받은 교회는 새로운 친밀함으로 하나님을 예배하고, 새로운 힘으로 그분을 섬기며, 새로운 확신으로 그분을 아버지라고 부를 수 있게 되었습니다(참조, 히 10:19-21).

아버지 하나님의 영광은 그리스도를 통해 새 언약 가운데 드러났으며, 이제 그 구원의 말씀은 그리스도께서 보내시는 사자들을 통하여 전파되어야 합니다. 바울은 이 사역의 특권에 대해 "하나님께서… 우리를 새 언약의 일꾼 되기에 만족하게 하셨으니"(고후 3:5-6)라고 말합니다. 그리스도의 설교자는 스스로는 비천할지 모르지만 담대하게 선포할 수 있습니다. 사실, 무언가를 전할 때에 메시지 그 자체에 대한 자신감을 갖는 것보다 더 좋은 것은 없습니다. 최고의 영업사원은 자신이 판매하는 제품에 대하여서 확신을 가지고 이렇게 말할 수 있는 사람입니다. "이 미니밴은 업계 최고의 안전 등급을 받았습니다!", "이 건축 자재는 정말 최고급입니다!" 그런데 무엇보다 더 중요하고 확실한 메시지인 새 언약의 복음을 가진 설교자는 어떻게 이를 외쳐야 할까요? 설교자는 "우리가 이 같은 소망이 있으므로 담대히 말하노니"(고후 3:12)라고 설교해야 합니다. 매주 주일 설교자는 성도들에게 "이것이 구원의 복음입니다. 이것은 하나님의 영광을 외치는 진리의 말씀입니다!"라고 외쳐야 합니다. 설교자가 믿음으로 그리스도 안에 있는 이 구원에 대하여 선포할 때 죽어가는 생명을 살리고, 사람들의 삶을 새롭게 할 수 있습니다. 복음은 모든 사람에게 꼭 필요한 소중한 것입니다. 설교자가 이를 혼자 간직하거나 열정 없이 전하는 것은 있을 수 없는 일입니다. 바울이 고린도전서에서 "만일 복음을 전하지 아니하면 내게 화가 있을 것이로다!"(고전 9:16)라고 외쳤던 것처럼, 설교자는 반드시 담대하게 사람들에게 복음을 전해야만 합니다.

십자가에 달리신 그리스도를 설교하기

바울은 고린도 교인들에게 계속하여 그리스도를 설교하고자 하였습니다. 그가 무엇을 말할 수 있으며, 누구를 외칠 수 있을까요? 오늘날 목회자들도 자신의 설교에서 무엇을 가장 우선순위에 두어야 합니까? 죄인의 삶에 진정한 변화를 가져올 수 있는 그리스도를 설교하는 것은 목회자의 가장 중요한 소명이자, 놀라운 특권입니다. 설교가 재미있어야 하고, 일상의 삶의 문제에 대한 해결책을 제시하고, 긍정적인 메시지를 전달해야 한다는 압박이 있을 수 있습니다. 그러나 설교자는 예수님의 속죄 사역에 집중해야 합니다. 재미있거나, 혁신적이거나, 사회적으로 용납될 수 있는 메시지를 전달해야 한다는 강박에 시달릴 필요는 없습니다. 설교자는 "나는 그리스도와 십자가에 못 박히신 그분을 설교합니다"라고 외칠 수 있어야 합니다.

"그리스도를 설교하라"는 외침은 단순하고 쉬워 보일 수 있습니다. 이는 설교자가 오직 그리스도에 대해서만 말한다는 의미는 아닙니다. 또한, 모든 설교의 제목에 그리스도가 들어가고, 설교의 세 가지(또는 네 가지) 요점 모두에 그리스도가 있어야 한다는 의미도 아닙니다. 그러나 신실한 설교자는 모든 성경이 그리스도에 대해 말하기 때문에(요 5:39) 항상 그리스도에 대한 메시지를 자신의 설교의 중심에 놓을 것입니다. 그리스도 안에서는 모든 역사는 수렴됩니다(갈 4:4). 그리스도 안에서 우주의 모든 것이 함께 있습니다(골 1:17). 따라서 설교자가 강단에 서서 말씀을 전할 때 그의 시선은 그리스도께로 고정되어야 합니다(히 12:2). 하나님의 백성이 처한 특별한 상황이 무엇이든, 그 순간 그들이 느끼는 필요성이 무엇이든, 설교자는 그리스도의 말씀을 전하도록 부름 받았습니다. 신자의 걱정, 기쁨, 유혹, 갈망이 무엇이든 그리스도의 말씀은 강력한 효과로 그들의 삶에 전달될 수 있습니다. 그리스도 안에는 죄책감에 짓눌린 사람들에게 안도감을, 불안에 시달리는 사람들에게 기쁨을, 중독에 갇힌 사람들에게 용기를, 망가진 관계에 지친 사람들에게 도움을, 죽음에 직면한 신자들에게 평안을, 슬퍼하는 사람들에게 위로를 줄 수 있는 말씀이 있습니다. 그리스도 안에서 하나님은 아버지의 아낌없는 사랑으로 우리를 돕고 용서하고 회복시키겠다고 약속하셨기에 우리에게 희망이 있습니다.

그리스도를 설교할 때 성령님의 능력이 나타납니다. 아마도 오랫동안 설교를 해온 설교자라면 누구나 설교에 사람들을 변화시키는 능력이 있음을 알고 있을 것입니다. 설교가 완벽하지 않았을 수도 있고, 성경 주해에서 요점을 놓쳤을 수도 있지만, 성도들은 설교를 통하여서 큰 용기를 얻고 권면을 받을 것입니다. 사실 설교자는 청중이 그 설교를 통해 어떤 교훈이나 권면을 얻을지 알 수 없습니다. 설교자는 사람들이 낙담한 상태인지, 외로운 상태인지, 만족한 상태인지, 즐거운 상태인지, 피곤한 상태인지 등 어떤 상태에 있는지 거의 알지 못하는 경우가 많습니다. 때때로 청중은 설교자의 지나가는 말 한마디, 간단한 암시, 예화 또는 예시 하나만 듣고도 하나님의 진리를 깨닫고, 그들의 삶이 변화되기도 합니다. 그리스도를 중심으로 성경에 충실한 설교를 할 때에 그 말씀에서 능력이 나타납니다. 그래서 설교자는 하나님의 진리를 전하는 기회를 소중하게 여깁니다.

비판 앞에서

고린도후서에서 바울의 설교에 대해 살펴볼 때에 우리는 그가 어떠한 날카로운 비판을 받았는지 알 필요가 있습니다. 다음 장에서는 바울에 대한 또 다른 비판들을 살펴보겠지만, 여기서는 그의 설교에 대한 고린도 교인들의 비난을 살펴보고자 합니다. 바울의 반대자들은 그의 말솜씨가 형편없다고 비난했습니다. 그들은 "그(바울)의 편지들은 무게가 있고 힘이 있으나 그가 몸으로 대할 때는 약하고 그 말도 시원하지 않다"고 말했습니다(고후 10:10). 고린도에 있던 반대자들은 사도 바울과 자신을 비교하면서, 자신들은 세련된 연설가인 반면, 사도 바울은 성품이 약하고 말투가 어눌하다고 비판하였습니다. 아마도 바울은 대중 앞에서 연설하는 상황에 서툴렀던 것 같습니다. 고린도 교회 성도들 중에는 그가 고린도에서 처음 사역했던 18개월 동안의 설교를 기억하고 있거나(행 18:11), 이후 교회를 방문했을 때 그가 했던 설교를 기억하고 있는 이들도 있었을 것입니다. 바울의 반대자들은 이를 상기시키면서 바울의 설교가 형편없고, 감동도 없다고 비난하였습니다.

그런데 고린도전서에서 바울은 자신의 설교 사역에 대한 비난에 대해 이렇게 답변한 바 있습니다. "형제들아 내가 너희에게 나아가 하나님의 증거를 전할 때에 말과 지혜의 아름다운 것으로 아니하였나니 내가 너희 중에서 예수 그리스도와 그가 십자가에 못 박히신 것 외에는 아무 것도 알지 아니하기로 작정하였음이라 내가 너희 가운데 거할 때에 약하고 두려워하고 심히 떨었노라 내 말과 내 전도함이 설득력 있는 지혜의 말로 하지 아니하고 다만 성령의 나타나심과 능력으로 하여 너희 믿음이 사람의 지혜에 있지 아니하고 다만 하나님의 능력에 있게 하려 하였노라"(고전 2:1-5) 바울이 고린도전서를 쓴 후 최소 2년 이상이 지났지만, 고린도후서에서 바울은 여전히 연약하고 소심한 사람, "약함", "두려움", "떨림"의 사람으로 인식되고 있었습니다. 그래서 바울은 고린도후서에서 자신에 대한 교인들의 신뢰를 무너뜨리기 위해 반대자들이 악의적으로 비난한다고 이렇게 항변합니다. "그들의 말이 그의 편지들은 무게가 있고 힘이 있으나 그가 몸으로 대할 때는 약하고 그 말도 시원하지 않다"(고후 10:10) 어떤 사람들은 바울을 부족한 설교자로 여겼던 것 같습니다. 어쩌면 그가 수사학 훈련이 부족했기 때문일 수 있습니다. 아니면 그가 "숨은 부끄러움의 일을 버리고 속임으로 행하지 아니하며 하나님의 말씀을 혼잡하게 하지 아니하고 오직 진리를 나타냄으로 하나님 앞에서 각 사람의 양심에 대하여 스스로 추천하노라"(고후 4:2)고 말한 것처럼 바울은 속임이나 수사학적인 기법들을 설교에 사용하지 않았기 때문이었을 수도 있습니다. 이러한 요소들이 사도에게는 비난의 이유가 되었습니다. 그러나 사도 바울은 그의 서신 말미에 자신의 선천적 또는 후천적 부족을 인정하면서, 고린도 교인들의 비난을 견뎠습니다. "내가 말에는 훈련받지 못하였습니다"(고후 11:6)

아마도 오늘날 많은 목회자들도 자신이 세련된 웅변가나 천부적인 연설가가 아니라는 사실을 겸손하게 인정할 것입니다. 그러나 사도 바울이 자신의 단점을 인정하고 심지어 자랑까지 했다는 것은 놀라운 일이 아닐 수 없습니다. 당시에는 수사적 능력이 높은 사람들이 대접을 받았습니다. 1세기에는 정치뿐만 아니라 철학과 종교 분야에서도 수사학적인 능력이 높게 평가받았습니다. 따라서 수사학은 성공을 꿈꾸는 로마의 젊은이들에게 필수 교육 과제였습니다. 사회 지도층의 자리는 일반적으로 다른 사람을 설득할 수 있는 능력이 있는 사람에게 주어졌기에 웅변 실력은 강력한 지위의 상징이었습니다. 그래서 고린도 교인들은 웅변실력으로 영적 지도자를 판단했는데, 이는 그들이 자랑하는 '지혜'의 기준이었습니다(고전 1:20-22 참조). 교인들은 바울이 "말의 지혜"(고전 1:17)라고 불렀던 깔끔하게 포장된 웅변을 선호하였습니다. 그들에게는 실제 내용보다 말하는 방식이 훨씬 더 중요했습니다. 그리고 연설자가 그들이 생각하는 웅변의 기준을 충족시키지 못하면 경청할 가치가 없다고 여겼습니다.

이것이 일부 고린도 교인들이 비판하였던 바울의 약점이었습니다. 그러나 바울은 주저없이 "내 말과 내 전도함이 설득력 있는 지혜의 말"(고전 2:4)로 하지 않는다고 인정합니다. 그는 그리스도의 복음을 순수하게 지키기 위하여 사람들의 비난도 두려워하지 않았습니다. 바울은 외적인 형식이나 웅변 스타일보다 복음 자체가 훨씬 더 중요하다고 생각하였습니다.

설교자 자신을 설교하는 사람들

고린도 교회에 있었던 바울의 반대자들은 잘생기고 카리스마 넘쳤으며, 강력한 설교를 하고, 심지어 치유와 방언에도 능숙했던 사람들입니다. 바울이 그런 것들에 반대하였던 것은 아닙니다. 그는 빌립보 교회에서 활동하던 '라이벌' 설교자들에 대해 이렇게 말합니다.

"그러면 무엇이냐 겉치레로 하나 참으로 하나 무슨 방도로 하든지 전파되는 것은 그리스도니 이로써 나는 기뻐하고 또한 기뻐하리라"(빌 1:18) 하지만 고린도의 반대자들은 어땠을까요? 그들은 무엇을 전하고 있으며 바울은 그들의 메시지를 용납할 수 있었을까요?

바울이 "우리가 우리를 전파하는 것이 아니라 오직 그리스도 예수의 주 되신 것을 전파함이라"(고후 4:5)고 말할 때에 그는 고린도에 있던 반대자들과 자신을 대조합니다. 다른 설교자들은 설교를 통해 개인적인 인기와 찬사를 구하면서 스스로를 드러내고 있었습니다. 그들은 예배가 끝난 후 사람들이 줄을 서서 새로운 칭찬을 해주기를 원했을 것입니다. 그들은 감탄하는 눈빛으로 지나가면서 이렇게 속삭이는 말을 듣고 싶어 했습니다. "저기 데메트리우스 목사님이 지나갑니다. 그는 진짜 멋지고 능력 있는 지도자이며 세련된 설교자입니다!" 강단의 설교를 통하여서 그들은 모든 관심과 찬사를 스스로 받았습니다.

또한, 이러한 감탄과 더불어서 금전적 이득도 있었습니다. 이들은 교회 안에서 "종교적 전문가"로서 좋은 수입을 원했습니다(참조, 2:17). 그러나 이러한 욕망은 목사들로 하여금 사람들이 원하는 설교를 하고 싶은 유혹을 빠지게 만듭니다. 성도들에게 불쾌감을 주고 상처를 주면 재정적 지원을 기대할 수 없기 때문입니다. 그러나 듣기 좋은 이야기와 미사여구로 사람들의 귀를 간지럽히고(딤후 4:3-4 참조), 유창한 수사적 기법으로 전달하면 결국 설교자는 금전적 보상으로 보답 받을 수 있습니다.

그런데 바울은 이러한 목회자들이 그리스도를 섬기는 것이 아니라 결국 자기 자신을 섬기고 있다고 말합니다. 목회자들이 스스로를 설교한다면 그것은 십자가를 설교하는 것이 아닙니다. 이것이 바울이 고린도 교인들의 비판 앞에서 자신의 설교 사역을 강력하게 옹호하는 이유입니다. 그는 고린도 교인들이 자신을 거부해서가 아니라 자신이 전한 그리스도의 복음을 거부하고 있다고 말합니다. 그들은 바울을 지속적으로 폄훼함으로써 동시에 그가 전하는 그리스도의 복음을 조롱하고 있었습니다. 화려하고 매력적인 설교자가 되기를 원한다면 듣기 좋고 재미있는 메시지를 전하겠지만, 이는 참된 복음 사역이 아닙니다. 그리스도의 메시지는 그것을 선포하는 인간 설교자보다 훨씬 더 중요하고 강력합니다. 설교 사역은 결코 '설교자 자신을 전하는 것'이 아닙니다.

잘못된 기대와 진정한 능력

고린도 교인들이 설교에 대한 잘못된 기대를 가지고 있었던 것처럼, 오늘날의 성도들도 설교자와 목회자에 대한 잘못된 이상과 기대를 가질 수 있습니다. 고린도 교회 당시와 마찬가지로 오늘날에도 사람들은 설교자의 카리스마, 웅변력, 외모에 많은 가치를 부여합니다. 사람들은 겉으로 드러나는 것에 더 많은 관심이 있습니다. 우리는 외적으로 매력적이며 호감을 주는 사람에게 끌리기 때문에 사람들은 이를 추구합니다.

오늘날 대중문화 속에서 누가 인기를 얻는지 생각해보십시오. 스포츠나 음악, 영화계에 화려하게 등장한 새로운 스타에 대해서는 끊임없는 관심이 쏟아지고, 멋지고, 잘생기고 예쁜 사람들에 대한 '뉴스'는 계속 생산됩니다. 이 모든 것을 그저 세속적인 것으로 치부할 수도 있지만, 이러한 외모 중심의 문화는 교회 안에도 있을 수 있습니다. 이러한 외모 지상주의의 문화에서 평범하고 멋없는 설교자는 어떻게 받아들여질까요? 설교의 내용보다 설교를 얼마나 세련되게 전달하느냐가 더 높게 평가되기도 합니다. 인터넷에는 수많은 설교들이 떠돌고 있기에, 사람들은 한 지역 교회의 무명 목사의 목소리에 관심을 보이지 않습니다. 사람들은 어쩌면 뛰어난 유튜브 설교자들과 그 무명 목사를 비교하고 있을지도 모릅니다. 수많은 탁월한 설교자들 속에서 별다른 재능도 없는 지역 교회의 목사를 성도들은 어떻게 바라볼까요?

  복음 사역에 대하여서 잘못된 기대와 기준을 가지고 있다면 목회자나 성도 모두 크게 실망을 할 것입니다. 바울은 설교자가 자기 자신을 외치는 사람이 아니라고 말합니다. 설교 사역은 설교자 자신이 아니라 그리스도 안에서 계시된 하나님의 영광에 관한 것이어야 합니다. 설교자가 설교를 할 때 자신의 경험과 의견을 바탕으로 설교를 작성해서는 안 됩니다. 또한 설교자는 사람들의 칭찬이나, 경제적인 보상에 관심을 가져서도 안 됩니다. 설교 사역은 결코 설교자 자신에 관한 것이 아니며, 결코 그래서는 안 됩니다. 그래서 바울은 스스로를 높이지 않고, 도리어 스스로를 낮춥니다. 그래서 그는 "우리는 우리를 전파하는 것이 아니라 … 우리는 단지 질그릇일 뿐입니다!"라고 말합니다(고후 4:7 참조). 목회자는 연약하고 깨지기 쉬운 종이며, 그리스도의 복음의 찬란한 보화를 담는 보잘 것 없는 질그릇입니다. 목회자는 연약하고 깨지기 쉬운 피조물이기에 자랑할 것이 없습니다. 목회자가 스스로를 무력하고 무능하다고 생각하면 어떻게 설교 속에서 자기 자신을 메시지의 중심에 둘 수 있을까요? 그는 설교를 잘해서 설교하는 것이 아니라, 그리스도께서 이 놀라운 복음을 전하도록 보내셨기 때문에 강단에 설 수 있었습니다. 이러한 설교 사역의 진정한 의미를 이해하는 목사는 설교가 자신에 관한 것이 아니라 예수 그리스도에 관한 것임을 깨닫습니다. 그리고 자신이 그리스도께서 보내신 종임을 알기에 언제나 변함없이 그리스도만을 전할 것입니다.

　오늘날 설교자는 화려하지만 공허한 웅변 같은 설교에 대하여 경고하는 바울에게 귀를 기울어야 합니다. 그렇다고 설교자가 설교를 준비할 때 문체나 수사학의 아름다움을 무조건 피해야 한다는 뜻은 아닙니다. 바울 자신도 논리적이고, 설득력 있는 주장으로 설교를 구성하였습니다. 이는 고린도후서와 그의 다른 서신들, 그리고 사도행전에 기록된 그의 설교에서 잘 드러나 있습니다. 그러나 이러한 수사학적 기술은 언제나 바울이 전하는 메시지를 위해서 존재하는 부수적인 도구일 뿐입니다. 그는 고린도전서에서 "그리스도께서 나를 보내심은 세례를 베풀게 하려 하심이 아니요 오직 복음을 전하게 하려 하심이로되 말의 지혜로 하지 아니함은 그리스도의 십자가가 헛되지 않게 하려 함이라"(고전 1:17)라고 단언합니다. 바울은 화려한 수사적 기법이 그리스도의 복음에 방해가 되는 것을 원치 않았습니다. 마찬가지로 오늘날 설교자들은 사람들의 삶을 변화시키는 것이 메시지의 스타일이나 화려함이 아니라 오직 그리스도의 복음이 가진 진리와 능력이라는 것을 기억해야 합니다.

바울의 반대자들은 바울보다 더 훌륭한 설교자였을지는 모르지만, 바울은 그들보다 더 고린도 교인들을 사랑했습니다. 성도들은 자신을 잘 알고 진심으로 자신을 돌보는 목회자의 설교를 더 잘 듣습니다. 이러한 친밀하고 끈끈한 목회적 관계 속에서 선포되는 설교는 인터넷에 떠도는 매력적인 설교자의 설교로 대체할 수 없습니다.

그리스도의 향기를 설교하기

고린도전서에서 바울은 그가 처음 고린도를 방문했을 때 전했던 그리스도의 구속 사역에 대한 영광스러운 복음을 회상합니다. "내가 받은 것을 먼저 너희에게 전하였노니 이는 성경대로 그리스도께서 우리 죄를 위하여 죽으시고 장사 지낸 바 되셨다가 성경대로 사흘 만에 다시 살아나사"(고전 15:3-4) 바울의 웅변 능력이 조금 부족했을지 모르지만, 그는 언제나 신실하게 십자가에 못 박히시고 부활하신 그리스도의 참된 복음을 전하였습니다.

바울은 고린도후서에서 자신의 설교 사역을 되돌아보며 하나님께서 그리스도를 통하여서 온 땅 가운데 '생명의 향기'를 퍼뜨리기를 원하신다고 말합니다. 복음은 매혹적인 향기와 같아서 그것을 들이마시는 모든 사람에게 생기를 불어넣습니다. 바울은 "우리는 구원 받는 자들에게나 망하는 자들에게나 하나님 앞에서 그리스도의 향기"(고후 2:15)라고 말합니다. 설교자가 하나님이 원하시는 대로 설교할 때, 그 강단에서 향기가 퍼져 나갑니다. 이는 "생명으로부터 생명에 이르는 향기"(고후 2:16)입니다. 복음은 우리가 마시고 음미하는 향기입니다. 그러나 "그리스도의 향기"는 백화점에서 상업적으로 판매하기 위해 만들어낸 향수 같은 것이 아닙니다. 도리어 이 냄새는 마치 퇴근 후에 집에 돌아와서 주방에서 흘러나오는 맛있는 요리 냄새나, 오븐에서 구워지는 양파 튀김이나 초코칩 쿠키 냄새를 맡을 때 절로 미소가 지어지는 것처럼 기분 좋은 향기입니다. 복음의 핵심 메시지는 하나님께서 아들을 통해 죄인들을 자신과 화목하게 하셨다는 기쁜 소식입니다. 이 복음은 그리스도에게 자신을 내어 주시는 달콤한 향기입니다. 회개하는 자에게는 용서가, 절망하는 자에게는 희망이, 약한 자에게는 능력이 되는 메시지입니다. 복음 전파는 영원한 예수 그리스도의 나라를 여는 것이기에 생명의 향기입니다.

설교자는 복음 설교에서 항상 향기가 난다는 것을 기억해야 합니다. 그런데 복음을 거부하는 사람들에게 이 냄새는 생명과 아름다움의 향기는 아닙니다. 그들에게 복음은 "사망의 향기"(고후 2:16)입니다. 그늘에게 복음은 죽어서 썩어가는 시체 냄새를 풍깁니다. 그것은 가장 불쾌한 악취이며 바로 대응하지 않으면 큰 피해, 심지어 재난까지 발생할 수 있는 냄새입니다. 복음을 믿음으로 받아들이지 않을 때 그리스도의 설교는 심판의 냄새를 풍깁니다. 그것은 창조주 하나님과 화해하지 못한 죄인의 냄새입니다. 복음을 계속 들으면서도 이를 믿지 않고, 그리스도를 사랑하기보다 죄를 더 사랑한다면, 그리스도의 복음은 경고와 심판을 외치며 죽음의 냄새를 풍깁니다.

우리 주 예수 그리스도를 설교하기

성도들은 복음을 전하는 설교를 통해 위로를 받고, 격려를 받고, 구원의 약속을 받습니다. 그러면서 동시에 이 설교는 그들에게 복음의 의무와 소명을 제시합니다. 설교는 죄인을 구속하시는 구원자이며, 우리의 왕이신 예수님에 관한 것이기 때문에 그분의 말씀에 응답하지 않을 수 없습니다. 바울은 자신의 메시지를 이렇게 요약합니다. "우리는 오직 그리스도 예수의 주 되신 것을 전파함이라"(고후 4:5). '주인'은 대가를 지불하여 그를 자신의 것으로 소유한 자입니다. 예수님은 죄인들을 위하여 그분의 귀한 피를 부어 주셨고, 이 대가를 지불함으로써 죄인들을 심판에서 구원으로 옮기셨습니다. 우리는 이를 감사합니다(벧전 1:18-19). 그리스도께서 이 대가를 치르셨다는 것은 바울이 이전에 고린도 교인들에게 상기시킨 것처럼 그분이 우리의 주님이심을 의미합니다. "너희 몸은 너희가 하나님께로부터 받은 바 너희 가운데 계신 성령의 전인 줄을 알지 못하느냐 너희는 너희 자신의 것이 아니라 값으로 산 것이 되었으니 그런즉 너희 몸으로 하나님께 영광을 돌리라"(고전 6:19-20)해서 바울은 고린도 교인들을 위한 설교와 편지를 통하여 계속해서 그리스도의 주 되심을 가르쳤습니다. 고린도전서에서 바울은 성윤리와 결혼, 예배, 일상의 삶 속에서 그리스도의 주 되심을 강조하였습니다. 또한 고린도후서에서 바울은 재정, 불신자와의 관계, 교회의 삶에서 어떻게 그리스도께서 우리의 주님이 되시는지 말합니다.

그리스도는 구원받은 죄인들을 향하여서 "이들은 내 것이다. 내가 나의 보혈로 너희를 완전히 샀기 때문에 너희의 생명은 나의 것이다"라고 말씀하십니다. 따라서 그리스도를 전파하는 설교는 주 예수님께서 우리의 가정 생활, 재정, 여가 활동, 직업 등 모든 것을 다스리심을 분명히 드러내야 합니다. 이것이 바로 바울이 그리스도의 구속의 죽음에서 이끌어낸 결론입니다. "그가 모든 사람을 대신하여 죽으심은 살아 있는 자들로 하여금 다시는 그들 자신을 위하여 살지 않고 오직 그들을 대신하여 죽었다가 다시 살아나신 이를 위하여 살게 하려 함이라"(고후 5:15) 우리는 매주 주일마다 그리스도의 피로 값 주고 산 그분의 백성들이 이제부터 오직 그분을 위해 살아야 한다는 설교를 전해야 합니다.

오래 참으며 설교하기

　설교자는 매주 주일마다 그리스도의 향기를 전하며 예수님의 주 되심을 전하는 특권을 받았습니다. 그러나 설교자는 매주 주일마다 자신의 약함과 한계 앞에서 좌절하기 쉽습니다. 아마도 모든 목회자들은 "월요일 아침"에 찾아오는 피곤한 느낌을 알고 있을 것입니다. 월요일에 서재로 돌아간 목회자는 가벼운 우울감을 느낄 수도 있습니다. 어제 좀 더 설교를 잘 할 수 있지 않았을까 자책하기도 하고, 설교의 요점을 하나 잊어버린 것에 대해 후회할지도 모릅니다. 어쩌면 자신은 설교자로서 적합하지 않다고 생각할지도 모릅니다. 바울 자신도 "누가 이 일을 감당하리요"라고 고뇌합니다(고후 2:16). 주중에 10시간 또는 20시간을 설교 준비에 투자했을지 모르지만, 그 모든 시간과 노력이 말씀을 전하는 주일 한 시간 동안 순식간에 다 증발해 버립니다. 그의 노력이 무슨 의미가 있었을까요? 그가 한 일은 무엇인가요?

　또한, 설교자는 매주 신실하게 말씀을 전하여도 성도들이 전혀 듣지 않는 것처럼 느낄 때도 있습니다. 주일 아침에 모두 조용히 앉아 집중하는 것처럼 보이지만 그들의 삶에는 전혀 변화가 없는 것 같습니다. 설교자는 처음 이 교회에 부임했을 때 기대했던 변화가 없어서 좌절할 수도 있습니다. 3년이 지난 후, 성도들은 여전히 비판적이고, 이웃들에게 복음을 전하지 않으며, 말씀에 관심이 없습니다. 그래서 설교자는 자신의 설교가 무의미하고, 아무도 그 설교를 듣지 않는다고 생각할지도 모릅니다.

 사실 설교의 '결과'를 정의하고 평가하기는 어렵습니다. 수년간의 설교 사역 후, 청중들 사이에 눈에 띄는 삶의 변화가 있었나요? 말씀을 배운 것을 어떻게 측정할 수 있나요? 성도들의 신앙 성장을 어떻게 정량화할 수 있습니까? 바울은 설교 사역에 오래 참음이 필요하다고 가르칩니다(딤후 4:2). 그러므로 설교자는 변함없이 신실하게 하나님의 말씀을 전해야 합니다. 그리스도의 백성에게 필요한 것은 바로 그분의 말씀입니다. 말씀이 신실하고 지속적으로 선포될 때 성령께서 신자들을 변화시키고 성장시키실 것입니다.

 목회자가 여러 곳에서 다양한 사역을 한다고 할지라도, 그에게 가장 중요한 사역의 장소는 강단입니다. 하나님은 설교를 통해 목회자가 하나님의 권위를 가지고 모든 회중들에게 영원히 중요한 문제에 대해 말할 수 있는 기회를 허락하셨습니다. 설교는 하나님 말씀의 풍요로움과 아름다움을 드러낼 수 있는 아주 영광스러운 특권입니다. 목사는 성경을 펴고, 그리스도를 통하여서 드러내시는 하나님의 진리를 신실하게 선포해야 합니다. 목회자는 남녀노소, 배운 사람이나 배우지 못한 사람이나, 능력이 있는 사람이나 없는 사람이나 상관없이 모든 회중에게 가르치고, 책망하고, 권면해야 합니다. 설교는 30분에서 45분 정도에 불과할지 모르지만, 그 설교는 앞으로 성도들이 살아가는 6일의 삶 가운데 던지는 하나님의 말씀입니다. 설교자는 약하지만 그가 선하는 복음의 메시지는 능력이 있습니다. 그래서 그는 매주 주일마다 십자가에 못 박히신 그리스도를 기뻐하고 하나님의 변치 않는 진리를 전하고, 성도들이 한 주간 선포된 그 진리 속에서 잘 살아가도록 간절히 기도해야 합니다.

제5장

쏟아지는 비판 앞에 서기

옳다 인정함을 받는 자는
자기를 칭찬하는 자가 아니요
오직 주께서 칭찬하시는 자니라
(고후 10:18)

목회사역의 고통 중 하나는 목회자를 향한 비판입니다. 비판적인 의견이 공정할 수도 있고 도움이 될 수도 있지만, 때로는 부당하고 근거가 없는 것일 수도 있습니다. 그런데 목회사역 가운데 비판은 항상 따라옵니다. 새로운 목사는 자신이 모든 비판의 대상이 될 수 있다는 사실을 금방 깨닫게 됩니다.

"당신은 본문을 더 깊이 파고들어야 합니다."
"왜 우리 교회는 성장하지 않나요?"
"설명은 줄이고 적용을 늘리세요."
"예전 목사님만큼 역동적이지 못해서 아쉽네요."
"예배 찬양을 바꿀 수 없나요? 너무 옛날 스타일이에요."

이런 목회자의 고통은 '월요일 아침'에 받은 한 이메일 때문에 더욱 증폭될 수도 있습니다. 어떤 성도는 컴퓨터 자판 뒤에서 목회자의 잘못된 주석과 인위적인 적용으로 인해 지난 주일 설교가 어느 누구에게도 은혜를 주지 못하는 설교였다고 얘기할지 모릅니다. 그리고 목사는 설교에 대해서 당회의 비판을 받을 수도 있습니다. 어떤 의미에서 목회자는 피뢰침 같은 존재입니다. 폭풍우 속에서 가장 높은 곳에 있는 피뢰침에 번개가 내리치듯 목회자의 실제 잘못과 상관없이 교회 내에 있는 여러 가지 불만의 이유들이 목회자를 향한 비판으로 이어질 수 있습니다. 목회자는 늘 사람들의 눈에 띄기 때문에 더 많은 감시와 비판을 받기도 합니다. 정당한 비판이든 부당한 비판이든 목회사역 가운데 비판은 피할 수 없는 것이므로, 목회자는 여기에 지나치게 위축되지 않고 비판에 현명하게 대응하는 법을 배워야 합니다. 이 점에 있어서도 우리는 사도 바울을 통하여 귀중한 교훈을 얻을 수 있습니다.

고린도 교회의 비난

이전 장에서 우리는 바울의 반대자들이 고린도 교인들로 하여금 바울에 대한 좋지 않은 인상을 갖게 만드는 과정들을 살펴봤습니다. 반대자들은 바울의 권위에 도전하면서 자신의 지위를 높였고, 교인들이 목회자로서 바울의 능력과 그의 헌신을 의심하게 만들었습니다. 바울은 이러한 논쟁 속에서 복음이 막힐 수도 있다는 생각에 그들의 비판에 대응하려고 하였습니다. 그러나 이러한 비판에 일일이 대응하면 도리어 그가 곤란한 입장에 처해질 수도 있습니다. 충분히 대답하지 못하면 문제도 제대로 해결하지 못하고, 고린도 교인들과는 더욱 멀어질 것입니다. 반대로 너무 많은 말을 하면 교인들은 목회자가 강압적이라고 비난할 것입니다. 목회자들은 바울이 처한 이러한 난처한 상황을 이해할 수 있을 것입니다. 자신을 자랑해서도 안 되고, 지나치게 방어적이어도 안 되며, 이미 흔들거리는 관계를 손상시키지 않으면서 비난에 대응해야 하는 난처한 상황입니다.

바울의 반대자들의 공격은 바울을 자신들과 비교하면서 시작하였습니다. 그들은 바울이 자신들이 생각하는 사역의 기준과 맞지 않다고 판단하였습니다. 그들의 비난은 바울이 자신을 변호하는 글에서 찾아볼 수 있습니다. "우리는 자기를 칭찬하는 어떤 자와 더불어 감히 짝하며 비교할 수 없노라"(고후 10:12) 바울의 반대자들은 심지어 추천서까지 가지고 와서 고린도 교인들 사이에서 소위 그들의 자격을 증명하려 하였습니다(고후 3:1). 이러한 태도는 자신의 힘을 과시하고, 여러 가지 인간관계를 이용하여서 스스로 남보다 낫다는 것을 드러내려고 하였던 당시 고린도 지방의 경쟁적인 문화와 일치하는 것입니다.

바울의 반대자들이 어떤 기준을 세웠는지 정확히 알기는 어렵지만, 고린도 교인들은 바울이 다른 사역자들과 동일한 경험과 능력을 가지고 있는지 물었습니다. 첫 번째로 바울의 반대자들은 기적적인 능력과 신비한 영적 체험을 자랑하였습니다. 그들의 이러한 신비로운 영적 체험은 전혀 신비적이지 않기로 유명한 바울과 크게 달라 보였습니다. 이에 바울은 고린도후서 12:1에서 "무익하나마 내가 부득불 자랑하노니 주의 환상과 계시를 말하리라"고 답합니다.

두 번째는 그의 설교와 관련이 있습니다. 이전 장에서 살펴본 것처럼 바울은 고린도전서에서 설교와 관련하여 자신의 약점을 인정했습니다. "내 말과 내 전도함은 설득력 있는 지혜의 말로 하지 아니하고"(고전 2:4) 그 문화에서 지혜로운 사람은 웅변력과 교양, 인상적인 태도와 매력적인 외모를 갖춰야 했습니다. 고린도 교인들은 바울이 이 요건을 충족하지 못한다고 판단했습니다. 그는 글로 쓸 때는 담대해 보였지만, 그들과 함께 있을 때나 말로 자신을 표현할 때는 연약해 보였습니다(고후 10:1). 바울의 반대자들은 "그의 편지들은 무게가 있고 힘이 있으나 그가 몸으로 대할 때는 약하고 그 말도 시원하지 않다"(10절)고 바울을 비난하였습니다. 고린도 교인들은 사도 바울의 이러한 약점을 받아들이기 어려웠고, 지도자로서 그의 정당성에 의문을 품게 되었습니다.

세 번째로, 바울이 몸으로 대할 때는 약하다(10절)는 말은 때때로 바울의 반대자들이 그의 외모적 특징을 공격했다는 의미로 받아들여지기도 합니다. 그러나 바울의 신체적 연약함에 대해 비방은 아니었을 것으로 보입니다. 바울을 향한 조롱은 그가 추방을 경험하여 사회적으로 당당하지 못한 지위 때문인 듯합니다. 바울은 고린도 교인들에게 자신을 강하거나 당당한 인물로 소개하지 못하였습니다. 바울은 이미 고린도전서에서 자신이 그들에게 좋은 인상을 남기지 못했을 수도 있음을 인정했습니다. "내가 너희 가운데 거할 때에 약하고 두려워하고 심히 떨었노라"(고전 2:3) 그러면서 그는 고린도후서에서 자신의 개인적인 고통과 쇠약해진 자신의 상태에 대해 더 자세히 이야기합니다. 그의 부족한 수사학적 능력과 마찬가지로 사회적으로 낮은 지위나 개인적인 연약함은 지도자로서 그에게 심각한 타격이었습니다. 당시에는 힘이 없으면 사람들에게 존중받지 못하였습니다. 그런데 바울은 고린도후서에서 자신의 여러 가지 고난과 약함을 당당하게 자랑합니다. 도대체 바울이 고린도 교인들에게 자신의 고난과 약함을 굳이 언급하는 이유는 무엇일까요?

네 번째, 고린도 교인들은 바울의 개인적인 약점 때문에 바울이 자신들을 대하는 태도가 달라졌다고 판단했습니다. 우리는 앞서 1장에서 바울과 고린도 교회가 수년 동안 여러 가지 방법으로 관계를 형성하고 발전시켰음을 살펴보았습니다. 그런 세월 중에 한번은 바울이 고린도 교회를 방문하려고 했으나, 마음을 바꾸어 방문하지 않은 적이 있었습니다. 그런데 사소해 보이는 이 계획 변경이 고린도 교인들에게는 바울이 전반적으로 불안정하다는 증거, 더 나아가 고린도 교인들에 대한 헌신이 부족하다는 증거로 받아들여졌습니다. 바울의 반대자들이 고린도 교인들에게 이런 말들을 퍼뜨리는 것 같았습니다. "그런데 바울은 어디 있죠? 그는 항상 다른 교회를 방문하면서 우리를 신경 쓰지 않는 것 같습니다." 바울이 여행 계획을 변경한 것에 대해 구질구질하게 변명하고 있는 배경에는 이러한 비난이 있습니다. "내가 먼저 너희에게 이르렀다가 너희를 지나 마게도냐로 갔다가 다시 마게도냐에서 너희에게 가서 너희의 도움으로 유대로 가기를 계획하였으니 이렇게 계획할 때에 어찌 경솔히 하였으리요"(고후 1:15-16, 23) 고린도 교인들이 바울의 변명을 받아들일지 여부가 향후 바울과 고린도 교회의 관계에 직접적인 영향을 미칠 것입니다.

마지막으로, 바울은 고린도 교인들로부터 물질적 지원을 받지 않고 자비량으로 사역한다고 비판을 받았습니다. 동시에 그의 반대자들은 고린도 교인들의 재정 지원을 좋아했던 것으로 보입니다(고후 2:17). 그러면서 바울의 반대자들은 교회의 재정적 지원을 받아들인 것이 그들이 바울보다 교인들을 더 사랑하는 증거라고 주장하였던 것 같습니다(고후 11:11). 이는 복잡한 문제이기에 다음 장에서 좀 더 자세히 살펴볼 것입니다. 지금은 이러한 다양한 비판에 대한 바울의 대응을 살펴보겠습니다.

바울의 응답

목회자가 비판을 받을 때 절대 하지 않아야 하는 나쁜 반응이 있습니다. 사람이라면 비난에 대하여 화를 내고 분개하며 비판한 사람에 대한 불편한 마음을 갖기 쉽습니다. 또는 어떤 사람은 비판 앞에서 자신의 능력과 성과를 나열하면서 지나치게 방어적인 태도를 취하기도 합니다. 또한 어떤 목회자는 모든 교회에는 항상 부정적이고, 비판적인 성도가 있다고 생각하며 그들의 비난을 그저 무시하고자 하는 유혹에 빠지기도 합니다. 즉, 늘 부정적이고, 비판적인 사람에게서 나온 말은 그냥 무시해버리고 싶은 마음입니다. 비판에 대한 또 다른 전략은 애초에 사람들과 벽을 쌓고, 적당한 거리를 두어서 서로 상처를 주지도, 받지도 못하게 하는 것입니다. 그런 목회자들은 향후 비판의 말에 상처받을 가능성을 줄이기 위해 목회적 애정을 성도들에게 쏟지 않습니다.

그러나 고린도후서에서 보여주는 비판에 대한 바울의 대응은 놀랍도록 대담합니다. 바울은 스스로 사도이기에 자신의 잘못을 인정하지 않고 변명하는 것처럼 보일 수도 있습니다. 그러나 그의 답변은 자신의 무오류를 주장하는 것 이상의 의미가 있습니다. 대신, 그는 그리스도의 십자가와 십자가가 요구하는 태도에 기초하여 대답하였습니다. 예수님께서 당신의 백성의 유익을 위해 자신을 아낌없이 내어주신 것처럼, 바울도 그들의 영적 성장을 위해 자신을 아낌없이 내어줄 것입니다. 이러한 예수님의 희생적 모델 때문에 그는 고린도 교인들을 위해 자기 자신을 내어주는 사랑을 계속하기로 결심합니다. 그는 이미 그들의 목양을 위해 많은 것을 희생하였다고 단언합니다. "우리가 세상에서 특별히 너희에 대하여 하나님의 거룩함과 진실함으로 행하되 육체의 지혜로 하지 아니하고 하나님의 은혜로 행함은 우리 양심이 증언하는 바니 이것이 우리의 자랑이라"(고후 1:12). 이처럼 하나님의 은혜로 목회사역을 감당하고 있었기에 바울은 고린도 교인들을 섬기면서 연약해지고 고난을 당하는 것을 기꺼이 감수합니다. 심지어 그는 공정하든 불공정하든 비판과 반대도 기꺼이 감내합니다.

바울과 그의 비판

바울은 고린도 교회의 비판에 대해 대체로 관대하게 응답하였지만, 고린도 교회가 반대자들의 편에 섰던 것에 대해서 배신감을 느꼈을 것입니다. 바울은 고린도 교인들에게 "우리로 말미암아 자랑할 기회를 너희에게 주어 마음으로 하지 않고 외모로 자랑하는 자들에게 대답하려는 것이라"(고후 5:12)고 말하면서 그들이 자신에 대한 진실을 알기를 바랐습니다. 바울은 외적인 모습으로 헛된 것을 자랑하는 다른 목회자들을 부정적으로 바라봅니다. 그는 그들을 "거짓 사도"(고후 11:13)라고 부르며, 아무것도 아닌 자신보다 그들이 우월하냐고 비꼬기도 합니다(고후 12:11). 왜냐하면 그들은 스스로를 높이고 정당하지 않은 자리를 차지하고 있기 때문입니다. 그러나 바울은 고린도 교인들이 바울의 사도직과 그의 메시지에 의구심을 품는 것이 교회에 부정적인 영향을 줄 것을 염려하였습니다.

그는 반대자들처럼 그저 자기 자랑이나 하는 수준에 빠지는 것은 어리석은 일이라고 말합니다. 그러나 그것이 복음 전파에 도움이 되고 고린도 교인들이 다시 그리스도를 찾게 될 수만 있다면 어리석음의 위험을 감수하고서도 "여러 사람이 육신을 따라 자랑하니 나도 자랑하겠노라"(고후 11:18)고 말합니다. 그는 다른 반대자들을 언급하면서 먼저 "그들이 히브리인이냐 나도 그러하며 그들이 이스라엘인이냐 나도 그러하며 그들이 아브라함의 후손이냐 나도 그러하며"(고후 11:22)라고 말합니다. 바울의 반대자들은 자신들이 유대인 혈통이라고 주장하며 더 자격이 있는 것처럼 말했습니다. 그러나 바울은 자신도 그들과 똑같이 정통 유대인이기 때문에 그것이 그들에게 자랑이 될 수 없다고 말합니다. 그럼에도 불구하고 바울은 "비교의 올무"라는 것을 알고 있었습니다. 다른 사람이 무엇을 가졌는지, 그들이 어떤 사람인지를 비교하는 것은 시기심이나 교만에 빠질 수 있기 때문에 항상 위험한 일입니다.

또한, 바울은 의심할 여지없이 자신의 업적을 자랑할 수 있었습니다. 바울은 고린도 교인들에게 자신의 업적을 담은 이력서를 보낼 수도 있었습니다. 그는 로마 제국 전역에 수많은 교회를 세웠습니다. 그 역시 기적을 행하였고, 심지어 부활하신 주님을 직접 보았고 다 표현할 수 없는 환상을 보기도 했습니다. 그러나 그는 이 모든 것을 자랑하지 않았습니다. 그리고 그는 "내가 이런 사람을 위하여 자랑하겠으나 나를 위하여는 약한 것들 외에 자랑하지 아니하리라"(고후 12:5)고 주장합니다. 바울은 왜 자신의 약점을 자랑할까요? 사도와 목회자인 자신이 아니라 주님, 즉 그분의 은혜와 그분의 힘과 그분의 위대한 업적에 집중하게 만들기 위함입니다.

그래서 바울은 자신이 칭찬받을 만한 여러 가지 업적들을 이야기하지 않았습니다. 그는 바울의 반대자들이 진정으로 비교해야 하는 가치, 즉 복음을 위한 고난을 비교하였습니다. 그래서 그는 자신의 약점에 대해 말하기 시작합니다. "그들이 그리스도의 일꾼이냐 정신 없는 말을 하거니와 나는 더욱 그러하도다 내가 수고를 넘치도록 하고 옥에 갇히기도 더 많이 하고 매도 수없이 맞고 여러 번 죽을 뻔하였으니"(고후 11:23) 마치 바울이 고린도 교인들에게 "여러분 말이 맞습니다. 저는 약합니다. 저는 다른 사람들처럼 화려하거나 카리스마 넘치는 사람이 아닙니다. 저는 거의 항상 고난을 당하고 있습니다. 저는 부족합니다. 제가 더 자랑을 하면 여러분 사이에서 복음이 힘을 잃을 수 있기 때문에 저는 다른 방법은 원하지 않습니다. 여러분은 메시지보다 메신저를 더 신뢰하게 될 것이고, 그리스도가 아니라 나를 바라보기 시작할 것입니다"라고 말하는 듯합니다. 바울은 하나님의 은혜가 자신을 통해 더 밝게 빛날 수 있도록 기꺼이 약해졌습니다. 바울은 그를 향한 비판을 도리어 다시 앞세웠습니다. 자신의 결점이 복음을 더 돋보이게 할 수 있다면 모든 목회자는 약자가 되어야 합니다. 그의 개인적인 실패와 부적절함이 복음을 더 밝게 빛나게 한다면, 모든 설교자는 배경 속으로 사라져야 합니다. 그래서 바울은 교회 설립, 그의 저술, 개종자의 수, 모금한 돈이 아니라 그리스도의 복음을 위하여 자신의 고난을 자랑합니다.

바울로부터 배우는 교훈

우리는 지금까지 사도 바울이 비판에 어떻게 대응하였는지 살펴볼 수 있었습니다. 그 교훈을 좀 더 분명하게 살펴봅시다. 우선, 바울은 다른 사람들이 자신을 너무 높게 생각하지 않기를 원하였습니다. "내가 만일 자랑하고자 하여도 어리석은 자가 되지 아니할 것은 내가 참말을 함이라 그러나 누가 나를 보는 바와 내게 듣는 바에 지나치게 생각할까 두려워하여 그만두노라"(고후 12:6) 이 말은 당시의 문화와는 너무 상충된 모습입니다. 그래서 바울이 정직하지 않다고 생각할지도 모릅니다. 그러나 그의 진실성을 의심할 이유는 없습니다. 고린도후서의 맥락을 살펴보면 바울은 진실로 자신이 약하고 부적절한 사람이라고 보이는 데 아무런 거리낌이 없었습니다. 그는 자신을 비방하는 사람들에게 대응하려고 하지만, 그의 관심은 고린도 교인들이 자신을 높이는 것이 아니라 있는 모습 그대로 바라보고 오직 그리스도 안에서만 참된 평안을 누리는 것입니다. 바울은 누군가가 자신을 더 높게 생각할지도 모른다는 두려움을 가지고 있었습니다. 이는 우리가 비판을 받을 때 흔히 두려워하는 것, 즉 사람들이 자신을 더 낮게 평가할까 두려워하는 것과는 정반대입니다! 바울의 한결 같은 관심은 죄인들이 자신을 바라보지 않고 그리스도를 바라보는 것입니다. 바울에게는 이 목적이 자신을 변호하거나 반대자들을 공격하고 싶은 마음보다 우선하였습니다. 이것은 비판을 받는 목사가 배워야 할 교훈입니다. 그리스도의 영광은 언제나 우리 자신의 명성보다 더 중요하며, 그분의 명예는 언제나 우리 자신의 명예보다 더 중요합니다.

반대자들의 비판에 대한 바울의 응답에서 배우는 두 번째 진리는 그가 하나님 앞에서 사역하고 있다는 점입니다. 고린도후서 여러 곳에서 바울은 늘 하나님의 심판과 평가 앞에 자신을 세웁니다. 예를 들어, 자신의 자비량 사역을 옹호하면서 그는 "내가 여러분을 사랑하지 아니함이냐 하나님이 아시느니라"(고후 11:11)고 말합니다. 그리고 다음 장에서 그는 "우리는 그리스도 안에서 하나님 앞에 말하노라"(고후 12:19)고 단언합니다. 늘 하나님 앞에서 사역한다는 마음가짐은 그가 다른 사람들의 판단에 지나치게 신경 쓰지 않는다는 의미입니다. 그는 복음의 진리를 위해 반대자들의 비방에 응답을 하기도 하였지만, 무엇보다도 그는 주님을 기쁘시게 하는 데 초점을 맞추었습니다. 그는 고린도전서에서 "내가 자책할 아무 것도 깨닫지 못하나 이로 말미암아 의롭다 함을 얻지 못하노라 다만 나를 심판하실 이는 주시니라"(고전 4:4)고 말합니다. 인간의 의견보다 훨씬 더 중요한 것은 하나님의 평가입니다. 이 깨달음은 바울에게 자유를 주었고, 오늘날 비판을 받는 목회자들에게도 자유를 줄 수 있습니다. 사람들의 비판을 받아들이는 것은 쉽지 않고, 특별히 근거 없는 비판은 낙담과 좌절을 안겨주지만, 목회자는 주님의 판단만을 바라보면서 담대하게 목회사역을 감당할 수 있습니다. 타고난 교만과 인간적인 성취를 자랑하고 싶은 욕망은 우리를 그리스도께 집중하기 어렵게 합니다. 그러나 목회를 하면서 오직 그리스도만을 섬기며, 그분의 평가만을 바라보는 것이 목회자의 복입니다.

　바울은 고린도후서에서 스스로의 잘못을 전혀 인정하지 않는 것처럼 보일지 몰라도, 그는 분명히 자신의 결점을 알고 있습니다. 이것이 세 번째 교훈입니다. 우리는 약점이 없는 목회자, 결점이 없는 목회사역이 없다는 것을 냉정하게 인정해야 합니다. 우리는 인간으로서 약하고, 일관성이 없으며, 지혜롭지 못하기 때문에 비판을 받게 됩니다. 일부 교인들은 목회자들이 잘못하거나 부족함이 있거나 기대에 못 미치는 일을 했을 때에는 쉽게 비판하지만, 그들이 선하고 성실하게 목회사역을 감당하는 것은 전혀 알아주지 않습니다. 모든 사람이 목회자에게 감사하다고 말하지도 않습니다. 목회자는 힘들게 준비한 설교에 대하여 스스로 만족스러울지라도, 설교 후에 사람들의 칭찬과 긍정을 기대하지 않아야 합니다. 사실, 모든 그리스도의 종은 거룩한 사명을 수행함에 있어 성찰과 배움과 성장이 필요합니다. 그렇기 때문에 '비판자'의 역할을 맡은 누군가로부터 비판을 받더라도 목회자는 이를 하나님이 주신 성장의 수단으로 받아들이는 것이 옳습니다. 고린도후서를 읽다 보면 바울이 고린도 교인들과의 관계에서 오는 긴장과 스트레스를 통해 한 난세 싱징될 수 있었음을 느끼게 됩니다. 실제로 바울은 이러한 갈등을 통해 복음 사역의 진정한 성격과 의미에 대해 더욱 깊이 깨달을 수 있었습니다. 오늘날 목회자에게 비판은 하나님의 종들을 거룩하게 하고, 가르치고, 성숙시키기 위해 하나님께서 사용하시는 도구일 수도 있습니다.

칭찬에 대응하기

사람들은 비판을 잘 받지 못하는 오만함을 가지고 있으며 징잔은 더욱 많이 받고 싶어하는 경향이 있습니다. 물론 하나님께서 목회자를 격려하기 위해 교인들을 통하여 칭찬하신다면 이는 좋은 일입니다. 예를 들어, 자신의 주일 설교가 신실하고 효과적으로 잘 전달되고 있음을 아는 것은 목회자에게 도움이 됩니다. 그러나 목회자는 자신의 높은 학력, 목회 능력, 사역에서의 다양한 성공을 자랑하고 싶은 유혹에 빠질 수도 있습니다. 사람들이 자신을 인정하길 기대할 수도 있습니다. 그래서 그의 노력이나 능력, 성취에 대하여서 성도들이 칭찬할 때에 하나님 앞에서 교만의 죄를 범할 수도 있습니다. 어떤 목회자는 하나님께 지혜, 인내, 담대함을 달라고 간절히 기도했지만, 어쩌면 스스로에게 박수를 보냈을 수도 있습니다. 스스로 "오늘 성경을 잘 주해하여서, 아주 성공적인 설교를 했고, 성도들이 저의 열정에 은혜를 받았다"라고 생각할지도 모릅니다. 물론 설교에서 하나님이 언급되긴 했겠지만, 그 설교의 주인공은 목사였습니다. 잠언이 가르치는 지혜의 말을 들어보십시오. "도가니로 은을, 풀무로 금을, 칭찬으로 사람을 단련하느니라"(잠 27:21). 목회자뿐만 아니라 모든 사람들은 칭찬을 통해 도리어 시험을 받습니다. 칭찬은 우리의 내면을 드러냅니다. 우리는 교만의 길을 걷고 있습니까? 아니면 겸손의 길을 걷고 있습니까? 우리는 하나님에 대한 감사로 가득 차 있습니까, 아니면 오만함으로 가득 차 있습니까?

사람들의 칭찬은 우리의 자존심을 한껏 높여주기 때문에 우리도 모르게 칭찬에 중독이 될 수 있습니다. 훌륭한 설교로 한 번 칭찬을 받고, 친근감으로 한 번 더 칭찬을 받으면 더 많은 칭찬을 듣고 싶어할 것입니다. 그러나 칭찬에 대한 욕구는 결코 충족되지 않습니다. 이는 가장 불쾌한 허기입니다. 이 문제를 더욱 복잡하게 만드는 것은 우리의 감정의 변화입니다. 목회자가 인정받는다는 느낌은 지극히 주관적입니다. 그는 몇 주 동안 여러 개의 긍정적인 칭찬 때문에 자신이 크게 사랑받고 소중히 대접받고 있다고 느낄 수 있습니다. 그러나 반대로, 몇 달이 지난 후에는 칭찬이 거의 없었기 때문에 교인들로부터 무시받고 있다고 느낄 수도 있습니다. 사실 목회자가 칭찬을 듣고자 한다면, 칭찬을 들을 수 있고, 비판에 귀를 기울인다면, 의도했든 의도하지 않았든 비판도 듣게 될 것입니다. 다시 말하지만, 다른 사람의 인정은 우리에게 절망적인 우상이 됩니다. 사람은 항상 더 많은 칭찬과 인정에 굶주려 있지만 결코 만족하지는 못합니다. 따라서 목회자는 무엇보다도 하나님의 판단 앞에서 목회사역을 하는 법을 배워야 합니다. "나를 심판하실 이는 주시니라"(고전 4:4)

바울은 목회자는 다른 사람에게 실제 모습보다 더 나은 평가를 받으려고 노력해서는 안 된다고 가르칩니다. 예레미야는 이스라엘 백성들에게 사람들에게 보이는 할례나 율법준수를 자랑하는 사람이 되지 말라고 가르칩니다. "여호와께서 이와 같이 말씀하시되 지혜로운 자는 그의 지혜를 자랑하지 말라 용사는 그의 용맹을 자랑하지 말라 부자는 그의 부함을 자랑하지 말라 자랑하는 자는 이것으로 자랑할지니 곧 명철하여 나를 아는 것과 나 여호와는 사랑과 정의와 공의를 땅에 행하는 자인 줄 깨닫는 것이라 나는 이 일을 기

뼈하노라 여호와의 말씀이니라"(렘 9:23-24)

 예레미야와 바울은 세상의 지혜, 개인적인 매력, 인간의 힘을 자랑하면서, 사람들의 칭찬을 사역의 성공과 동일시하지 않았습니다. 대신 구원받은 죄인(목회자도 포함!)의 영광과 자랑은 우리가 주님을 알고 그분의 능력 안에서 온전히 안식할 수 있다는 사실임을 드러냅니다. 이러한 마음을 가지고 있다면 목사들은 다른 목사들의 성공도 기뻐할 수 있습니다. 동료 목회자가 잘되는 것을 볼 때 세상적인 질투심이나 경쟁심에 휘둘리지 않고, 하나님께서 그분의 백성 가운데 능력 있게 일하심에 감사할 수 있습니다. 고린도전서 3:7의 "그런즉 심는 이나 물 주는 이는 아무 것도 아니로되 오직 자라게 하시는 이는 하나님뿐이니라"의 말씀은 모든 목회자와 설교자를 겸손하게 합니다. 우리는 오직 우리가 섬기는 그리스도만이 교회를 부흥케 하심을 깨달아야 합니다.

충분한 은혜

 인간의 약함은 하나님의 강함을 드러냅니다. 우리가 인간의 성취와 성공에 집착하는 것을 멈출 때, 하나님의 은혜가 가장 잘 드러납니다. 마침내 우리가 스스로는 아무 것도 할 수 없음을 인정할 때, 하나님은 새롭고 놀라운 방식으로 자신의 임재를 보여 주십니다. 목회자가 마침내 자신의 한계를 인정하고 자신이 완벽하지 않다는 것을 인정할 때, 그리스도께서는 그를 강하고 능력 있는 종으로 만들어 주실 것입니다. 그리스도는 바울에게 "내 은혜가 네게 족하도다 이는 내 능력이 약한 데서 온전하여 짐이라"(고후 12:9)고 말씀하셨습니다. 목회자는 자신이 얼마나 부족한지, 자신이 얼마나 아는 것이 없는지, 다음에 무엇을 해야 할지, 무엇을 말해야 할지 모른다는 것을 알게 될 때마다 이 자족의 진리를 반드시 믿어야 합니다.

목회자는 수년간의 사역을 되돌아보면서 자신이 저지른 수많은 실수를 기억할 수 있습니다. 사람들의 비판은 이를 더 명확하게 드러냅니다. 설교가 엉망이었습니다. 사람들에게 상처도 주었습니다. 많은 실수도 있었습니다. 무엇보다도 목회자는 자신이 매주 주일 설교하였던 영광스러운 하나님의 말씀에 비추어서 그가 얼마나 부족한지 누구보다 잘 알고 있습니다. 그러나 목회사역이 자신의 대인관계 능력이나 지혜롭고 설득력 있는 말, 자신의 거룩함에 달려 있지 않다는 사실을 기억한다면, 강하신 그리스도께서 연약한 목회자를 은혜로 덮어주실 것입니다. 목회자가 자신을 자랑하기 위하여 사역하는 것이 아니라 진정으로 그리스도를 영화롭게 하기 위하여 사역을 할 때에 그는 다시 새로운 힘과 목표를 가지고 목회를 이어갈 수 있습니다.

연약한 그리스도의 모든 종은 스가랴 4:6의 "만군의 여호와께서 말씀하시되 이는 힘으로 되지 아니하며 능력으로 되지 아니하고 오직 나의 영으로 되느니라"는 말씀을 기억해야 합니다. 이 말씀은 제사장 스룹바벨이 폐허가 된 성전을 백성들과 함께 힘겹게 재건하던 때에 하나님께서 하신 말씀입니다. 이스라엘 백성들은 자신들의 힘이나, 지혜가 아니라 오직 전능하신 하나님의 영을 전적으로 의지할 때에 이 험난한 프로젝트를 완수할 수 있었습니다. 이 말씀은 설교자와 목회자에게 꼭 필요한 힘이 누구에게 있는지 분명하게 보여주는 메시지입니다. 자만심과 과신으로 가득 찬 목회자들에게 이 겸손의 말씀이 필요합니다. 마찬가지로 비판과 자신의 연약함 때문에 위축이 되어있는 목회자도 이 하나님의 확실한 약속에서 다시 새 힘을 얻을 수 있습니다. "너희는 내 영으로 할 수 있느니라" 연약한 우리 모든 목회자에게는 언제나 그랬고 앞으로도 그럴 것입니다.

제6장

현명한 재정관리

내가 너희를 섬기기 위하여
다른 여러 교회에서 비용을 받은 것은
탈취한 것이라

(고후 11:8)

●

　　　　　　목회자의 사례를 공론화해야 할 문제라
는 것을 깨달은 순간이 있었습니다. 수년 전 제가 섬겼던 첫 번째
교회에서 교인들과 함께 공동의회를 하던 때의 일입니다. 이는 당
회에서 결의한 안건들과 선교와 자비 사역의 구체적인 내용들을 성
도들에게 알리고, 내년도 교회 예산을 검토하는 자리였습니다. 교
회의 예산 중에는 목사인 저에 대한 사례가 포함되어 있었습니다.
공동의회 중에 질문할 기회가 주어졌을 때 한 성도가 일어나서 목
사의 사례를 즉각적이고 실질적으로 인상을 해야 한다고 주장하였
습니다. 그의 주장은 목사가 변호사나 의사만큼이나 오랫동안 공부
했으니 급여도 그들과 비슷한 수준이어야 한다는 것입니다. 그래서
그는 연간 2만 달러 이상의 사례 인상을 제안했습니다. 솔직히 이
때 저는 미소를 억누르고 감정을 다스리기가 쉽지 않았습니다. 그

런데 다행히 교회의 장로 중 한 분이 재치 있게 이 문제에 개입하여 응답해 주었습니다. 그 발언의 의도는 좋았지만, 제가 참석하고 있는 중에 제가 얼마를 받아야 하는지에 대한 공개적인 토론이 벌어지는 어색한 순간이었습니다. 이는 바울이 고린도 교인들과의 관계에서 늘 조심스러워하였던 재정적 지원과 관련한 문제의 복잡함을 살짝 엿볼 수 있는 순간이었습니다.

잠재력이 있는 교회

이전 장에서 고린도는 번영하는 상업 도시였기 때문에 바울이 수공업으로 돈을 벌 수 있었다는 사실을 살펴보았습니다. 사도행전 18:1-3을 보면 바울은 고린도에서 사역하던 18개월 동안 천막 제작자로 일했으며, 번영한 도시의 경제 덕분에(아굴라와 프리실라와 함께 일하면서) 꾸준한 수입을 올렸을 것입니다. 그러나 바울과 고린도 교인들 사이에서 논쟁의 대상이 된 것은 이 자비량 사역과 그 사회적 영향력이었습니다.

고린도후서에는 재정과 관련된 말씀이 두 군데 나오는 데, 하나는 가난한 교회에 대한 지원과 또 다른 하나는 바울의 사역에 대한 지원입니다. 첫 번째 문제는 간략하게 다루고 두 번째 문제로 넘어가겠습니다. 고린도 교회가 처음 세워졌을 때에 그들은 예루살렘과 유대에 살고 있는 신자들을 염려하였습니다. 사도행전은 당시 팔레스타인 지역에 있었던 심각한 기근의 문제를 증언합니다(11:28). 이런 자연재해와 산발적인 박해가 겹치면서 당시 유대 지역의 기독교인들은 극심한 고통을 겪었습니다. 그들은 오랫동안 재정적인 도움이 필요했습니다. 사도행전은 바울이 로마제국 전역의 교회를 독려하여 유대 지방의 가난한 형제자매들을 지원하기 위하여 어떤 노력을 하였는지 기록하고 있습니다(행 11:29-30). 이방인들은 신앙 안에서 이미 유대인 그리스도인과도 하나 됨을 알고 있었습니다. 그러므로 그리스도 안에서 하나 된 형제자매들이 심각한 궁핍을 겪는 것을 모른 체할 수 없었습니다. 인종과 문화적 차이를 넘어서 베푸는 기부는 그리스도 안에서 성도들의 하나 됨을 가장 강력하게 드러내는 표지입니다(롬 15:25-27 참조).

바울은 이미 고린도전서에서 가난한 사람들을 향한 자선을 장려하였습니다. 그는 성도들에게 "매주 첫날에 너희 각 사람이 수입에 따라 모아 두어서 내가 갈 때에 연보를 하지 않게 하라"(고전 16:2)고 가르쳤습니다. 다른 교회와 마찬가지로 바울은 고린도 교인들에게 가난한 사람들을 부지런히 구제하라고 당부합니다. 그러나 고린도 교인들은 바울의 가르침을 온전하게 따르지 않았습니다. 고린도후서가 기록될 무렵에는 헌금이 줄었고, 바울은 고린도 교인들에게 더 힘을 내어 헌금하라고 촉구해야 했습니다. 바울은 이를 위하여 고린도 교회에 편지를 쓰면서 마게도냐 교회를 언급합니다. "형제들이 하나님께서 마게도냐 교회들에게 주신 은혜를 우리가 너희에게 알리노니 환난의 많은 시련 가운데서 그들의 넘치는 기쁨과 극심한 가난이 그들의 풍성한 연보를 넘치도록 하게 하였느니라"

(고후 8:1-2) 이는 마치 바울이 고린도 교인들에게 부담을 주는 것 같습니다. 바울은 경제적으로 어려운 가운데에서도 "힘에 지나도록"(고후 8:3) 헌금한 마게도냐 성도들을 언급하였습니다.

바울은 고린도 교인들이 그들을 본받아서 기꺼이 베푸는 사람이 되기를 원하였습니다. 하나님은 관대한 자에게 반드시 복을 주실 것이라고 약속하면서, 동시에 바울은 "적게 심는 것"의 결과에 대해서도 경고합니다(고후 9:6). 그러나 바울은 고린도 교인들과 불편한 관계를 가지고 있었기에 이런 권면을 하는 것이 쉽지 않았습니다. 성도들이 바울을 이러저러한 이유로 비판하고 있었고, 교회 내에는 구제 헌금에 대한 바울의 호소를 부담스럽게 여기는 분위기가 있었기 때문입니다. 고린도 교인들이 이전에는 기꺼이 헌금을 하였지만, 이제는 그들의 마음과 지갑을 닫았습니다. 그래서 바울은 그들에게 하던 일을 성취하라고 촉구하면서(고후 8:11), 그리스도 안에서 하나님의 은혜에 감사하는 마음으로 이 일을 계속하라고 당부합니다(고후 8:9). 바울은 그들의 새로운 헌금이 "억지로 하는 의무가 아니라 자발적 참 연보"(9:5)가 되기를 바랐습니다. 하나님께서 주신 복으로 고린도 교인들이 넘치는 헌금을 하기를 소망하였습니다.

바울의 자비량 사역

바울은 고린도 교인들에게 가난한 사람들을 돕기 위해 아낌없이 기부하라고 권고하면서 왜 자신이 그들의 재정적 지원을 받아들이

지 않는지 설명할 필요가 있었습니다. 이 문제를 살펴볼 때 우리는 바울의 목회사역의 특수한 형태를 생각해야 합니다. 바울은 보통 한 지역에 최대 3년 정도 머물며 사역을 했습니다. 그리고 그는 새로운 지역으로 이동하여서 복음을 전하고자 하였습니다(롬 15:20). 새로운 지역이나 도시에 도착할 때 그는 자신의 생활비를 고려해야만 했습니다. 그의 식비, 숙박비, 기타 생활비를 어떻게 충당할 수 있을까요? 로마 제국 시대에 바울과 같은 순회 교사가 일반적으로 생각할 수 있는 재정적인 대책은 네 가지가 있었습니다. 강사료를 받거나, 여러 곳에 재정 지원을 구걸하거나, 생계를 위한 다른 일을 병행하거나, 부유한 후원자를 구할 수 있었습니다.

일반적으로 바울은 교회를 섬길 때 재정적으로 그들에게서 독립하려고 노력했습니다. 사도행전 20:33-34에서 바울이 에베소 장로들에게 한 이별의 말에 그런 그의 태도가 잘 드러납니다 "내가 아무의 은이나 금이나 의복을 탐하지 아니하였고 여러분이 아는 바와 같이 이 손으로 나와 내 동행들이 쓰는 것을 충당"하였습니다. 그는 데살로니가 교인들에게 "형제들아 우리의 수고와 애쓴 것을 너희가 기억하리니 너희 아무에게도 폐를 끼치지 아니하려고 밤낮으로 일하면서 너희에게 하나님의 복음을 전하였노라"(살전 2:9; 참조, 살후 3:7-9)고 말하였습니다. 고린도뿐만 아니라 많은 도시에서 바울은 사역과 함께 천막 장사를 병행하면서 교회의 물질적 지원에 의존하지 않았습니다.

그러나 바울도 때로는 일부 교회의 도움을 기꺼이 받아들였습니다. 예를 들어, 그는 빌립보 교인들에게 그들의 재정적 지원에 대해 따뜻한 감사를 표합니다(빌 4:10, 15). 그리고 그들의 관대함은 그가 빌립보에서 일할 때에만 국한되지 않았습니다. "데살로니가에 있을 때에도 너희가 한 번뿐 아니라 두 번이나 나의 쓸 것을 보내었도다"(빌 4:16). 바울은 이러한 지원을 받는 것이 사도로서 하나님이 주신 권리라고 생각하였습니다. 그는 이전에 고린도 교인들에게 이를 설명한 적이 있습니다.

"어찌 나와 바나바만 일하지 아니할 권리가 없겠느냐 누가 자기 비용으로 군 복무를 하겠느냐 누가 포도를 심고 그 열매를 먹지 않겠느냐 누가 양 떼를 기르고 그 양 떼의 젖을 먹지 않겠느냐 내가 사람의 예대로 이것을 말하느냐 율법도 이것을 말하지 아니하느냐 모세의 율법에 곡식을 밟아 떠는 소에게 망을 씌우지 말라 기록하였으니 하나님께서 어찌 소들을 위하여 염려하심이냐 오로지 우리를 위하여 말씀하심이 아니냐 과연 우리를 위하여 기록된 것이니 밭 가는 자는 소망을 가지고 갈며 곡식 떠는 자는 함께 얻을 소망을 가지고 떠는 것이라 우리가 너희에게 신령한 것을 뿌렸은즉 너희의 육적인 것을 거두기로 과하다 하겠느냐 다른 이들도 너희에게 이런 권리를 가졌거든 하물며 우리일까보냐 그러나 우리가 이 권리를 쓰지 아니하고 범사에 참는 것은 그리스도의 복음에 아무 장애가 없게 하려 함이로다"(고전 9:6-12)

여기에서 바울은 단순히 합리적인 이유를 제시하는 것이 아니라, 교회가 목회자를 재정적으로 지원하는 것이 구약의 율법 원칙에 근거함을 설명합니다. 예를 들어 신명기 25:4에 따르면 소도 곡식을 밟는 동안 노동의 결실 중 일부를 누릴 수 있다고 규정되어 있습니다. 또한 바울은 "주께서도 복음 전하는 자들이 복음으로 말미암아 살리라 명하셨느니라"(고전 9:14)고 지적합니다. 아마도 바울은 제자들에게 교인들의 환대를 받으라고 가르치며 예수님의 말씀을 언급하였을 것 같습니다. "그 집에 유하며 주는 것을 먹고 마시라 일꾼이 그 삯을 받는 것이 마땅하니라 이 집에서 저 집으로 옮기지 말라"(눅 10:7) 바울이나 다른 목회자가 지역 교회에 재정적 지원을 요청하고 받는 것은 성경적인 근거가 있습니다.

고린도 교회의 비판

바울은 고린도 교인들에게 복음으로 사는 사역자들의 사례에 대해 말하면서도 "그러나 우리가 이 권리를 쓰지 아니하고 범사에 참는 것은 그리스도의 복음에 아무 장애가 없게 하려 함이로다"(고전 9:12)고 말합니다. 우리는 바울이 처음 고린도를 방문했을 때 직접 일하며 생활하는 것을 보았습니다(행 18:1-3). 이후 고린도를 방문했을 때에도 그는 "값없이"(고후 11:7) 설교하면서 재정적 지원을 거절했습니다. 그런데 이러한 거절은 고린도 교인들에게 불쾌감을 주었으며, 바울과 그들과의 관계에 악영향을 주었습니다. 바울의 이러니한 질문은 이 문제를 둘러싼 긴장을 잘 보여줍니다. "내가 너희를 높이려고 나를 낮추어 하나님의 복음을 값없이 너희에게 전함

으로 죄를 지었느냐"(고후 11:7)

21세기의 우리들은 이 상황의 심각성을 충분히 이해하기 어렵습니다. 만약 오늘날 자비량으로 일할 수 있는 목사가 있다면 대부분의 교회는 기쁨으로 예산에서 목회자 사례를 뺄 것입니다. 오늘의 관점에서는 바울의 자비량 사역이 왜 문제가 되었는지 이해하기 어렵지만, 당시에 고린도 교인들에게 이것은 심각한 문제였습니다.

당시 고린도 교회의 문화적 배경을 살펴보면 바울의 자비량 사역이 문제가 된 이유를 알 수 있습니다. 어떤 사람들의 눈에 바울은 청중들 앞에서 강연하면서 돈을 벌기 위하여 여러 도시를 방문하는 순회 연설가처럼 보였습니다. 그런 순회 강사들은 그들이 벌어들인 돈의 액수로 평가를 받았습니다. 당시 로마 제국에는 여러 도시들을 돌아다니며 종교와 철학을 가르치는 순회 강사들이 많이 있었기 때문에 경쟁이 치열했습니다. 좋은 강사는 많은 돈을 벌 수 있었고, 이를 통해 명성을 높일 수 있었습니다. 동시에 사람들은 자신들이 많은 돈을 지불하여 그런 강사를 상주시켰음을 자랑하였습니다. 더 많은 급여는 더 나은 질을 의미했고, 더 많은 청중을 확보할 수 있음을 의미했습니다. 그런데 바울이 무료로 가르치고 설교한다는 것은 그가 이류 연설가에 불과하다는 의미이고, 그의 설교를 듣는 사람들은 형편없는 연설가를 따라다니는 분별력 없는 사람으로 보였을 것입니다. 그래서 바울의 자비량 사역은 바울뿐만 아니라 청중들의 명예에도 결코 좋지 않았습니다.

바울의 자비량 사역이 비판을 받은 두 번째 이유는 당시 만연하던 육체 노동에 대한 경멸 때문입니다. 로마의 정치가이자 철학자인 키케로는 "예술적 기술이 아닌 단순한 육체 노동으로 돈을 받고 살아가는 사람들은 신사답지 못하고 저속하다… 왜냐하면 그들이 받는 임금 자체가 노예의 서약이기 때문이다"(On Duties, W. Miller 역, 1.150)라고 말했습니다. 그러므로 이러한 문화 속에서 살아가던 고린도 교인들 중에는 손으로 일하는 사람들을 경멸하는 사람들이 있었을 것입니다. 또한 유대인 랍비들은 보통 또 다른 직업을 가졌지만, 그리스·로마 교사들은 그렇지 않았습니다. 왜냐하면 육체적인 또 다른 일을 하는 것은 비참하고 부적절한 것으로 간주되었기 때문입니다. 따라서 고린도 교인들은 자신들의 영적 지도자 중 한 사람이 천막 제작자라는 비천한 직업에 종사한다는 사실이 부끄러웠을 것입니다.

바울은 자신을 위한 고린도 교인들의 물질적 지원을 거절하였지만, 유대 지방의 다른 가난한 교회들을 지원하기 위해서는 그들에게 물질적 지원을 요청했습니다(고후 8-9장). 이 요청은 고린도 교인들이 바울을 비판한 세 번째 이유입니다. 그들은 바울이 구제를 말하면서 실제로는 자신을 위해 자금을 모으는 것이 아닌가 의심했을 수 있습니다. 즉, 바울이 물질에 대하여 무관심한 척하면서 실제로는 고린도 교인들을 속이고 있다는 의심입니다. 이러한 의심은 12장에 나오는 바울의 자기방어적 발언에 잘 드러나 있습니다. 바울은 고린도 교인들에게 "내가 너희 영혼을 위해 크게 기뻐하므로 재물을 사용하고, 또 내 자신까지도 내어주리니"(15절)라고 확언하후, "내가 너희의 이득을 취하더냐?"(17절)라고 묻습니다. 마찬가지로 그는 고린도후서 7:2에서 "우리는 아무에게서도 속여 빼앗은 일이 없노라"고 주장합니다. 여기서 바울은 기근 구호를 위한 모금이라고 말하면서 실제로는 자신을 위하여 그들의 돈을 착취했다는 비난을 부인하고 있는지도 모릅니다.

이러한 이유들 외에도 바울의 자비량 사역에 대한 비판은 그리스·로마 사회의 "후원과 우정"이라는 관습으로 이해해야 합니다. 후원의 역학 관계에는 선물 제공에 따른 권력과 영향력이 있습니다. 즉, 선물을 받는 사람은 선물을 주는 사람에게 감사와 공적인 명예를 빚진 것으로 간주되었습니다. 따라서 선물은 받는 사람에게 도움이 되는 것은 분명하지만, 동시에 기부자나 후원자의 사회적 지위를 향상시키는 역할을 하기도 했습니다. 또한, 기부자는 이러한 역학관계를 악용하여 수혜자에게 자신의 빚을 갚게 만들 수도 있었습니다. 수혜자는 반드시 이를 보답해야 하는 의무가 있었기 때문에, 만약 이를 충실하게 보답하지 않으면 서로 적대적 관계가 될 수도 있었습니다. 그러므로 서로 관계를 잘 유지하기 위해서는 상호간에 대가를 주고받는 충성의 표현이 있어야 했습니다.

이러한 맥락에서 볼 때 바울이 고린도 교인들의 재정 지원을 거부한 것은 사소한 문제가 아니었습니다. 그래서 고린도 교인들의 후원을 거절하는 것은 고린도 교인들에게 널리 비난을 받았습니다. 반대자들은 바울의 재정적인 독립을 회중들에 대한 모욕으로 해석했고, 바울의 거부는 그가 고린도 교인들을 사랑하지 않으며, 그들의 우정을 거부하는 것으로 간주했습니다(고후 11:7-11). 바울과 고린도 교회와의 관계를 더욱 복잡하게 만든 것은 바울이 빌립보 교인들에게는 재정 지원을 받았지만 고린도 교인들에게는 재정 지원을 받지 않았다는 점이었습니다. 이는 고린도 교인들로 하여금 그들을 향한 바울의 애정이 부족하다는 증거로 여겼습니다. 실제로 그의 반대자들은 바울이 고린도 교회를 다른 교회보다 열등하다고 생각했기 때문에 그들의 지원을 거절했다고 주장했습니다(고후 12:13). 고린도 교인들은 바울이 다른 교회로부터는 지원을 받으면서, 고린도 교회의 지원을 거부한 것이 그들의 관계가 악화된 근본적 이유라고 생각했습니다.

바울의 자기변호

그런데 이것이 명백히 논쟁이 될만한 문제였다면 바울은 왜 고린도 교인들의 물질적 지원을 거절했을까요? 그리고 왜 바울은 그들의 신랄한 비난에도 불구하고 계속해서 자비량 사역을 하겠다고 고집했을까요?(고후 11:12) 우선 바울은 세련된 웅변으로 사람들의 관심을 끌기 위하여 경쟁하는 반대자들과 거리를 두려고 했을 것입니다. 이전 장에서 살펴보았듯이 그는 "하나님의 말씀을 혼잡하게"(고후 2:17) 하는 사람들과 어울리고 싶지 않았습니다. 그러면서 바울은 "나는 내가 해 온 그대로 앞으로도 하리니 기회를 찾는 자들이 그 자랑하는 일로 우리와 같이 인정 받으려는 그 기회를 끊으려 함이라"고 말했습니다(고후 11:12). 그러면서 그는 "값없이" 설교하는 것이 고린도 교인들을 향한 진정한 사랑의 표현이라고 생각했습니다. 따라서 고린도 교인들은 바울의 반대자들이 바울처럼 값없이 설교할 수 없는 것을 바라보면서 그들의 정체를 깊이 고민해야 하며, 바울을 그들보다 열등하다고 생각해서는 안 됩니다.

바울이 후원을 거절했던 또 다른 이유는 후원자에 대한 개인적인 의무에서 자유롭기 위해서일 가능성이 높습니다. 고린도처럼 분열되어 한 지도자에게만 충성하고 다른 지도자에게는 반대하는 사람들이 있는 교회에서 이러한 태도는 필수적이었습니다(고전 1:10-13). 특정 개인의 후원을 받아들였다면 바울은 그를 후원하는 교인에게 개인적으로 충성해야 하는 상황에 놓였을 것입니다. 이는 교인 전체를 목회적으로 돌보는 그의 사역에도 방해가 되었을 것입니다. 요컨대, 바울은 자신이 고린도 교인들로부터 돈을 받으면 복음 사역에 해가 될 수 있다는 것을 알고 있었습니다. 그러므로 그리스도의 복음을 듣고 받아들이는 데 방해가 되지 않도록 모든 사람에게 값없이 전해야 했습니다.

그러나 흥미롭게도 바울은 지원을 거부한 이유를 명확하게 밝히지는 않았습니다. 그나마 이유에 가까운 설명은 바울이 고린도 교인들의 영적인 아버지로서 그들에 대한 책임이 도리어 자신에게 있음을 선언하는 것입니다. 바울은 부모가 자녀를 부양해야 하는 통념을 언급하면서 고린도후서 12:14에서 "내가 구하는 것은 너희의 재물이 아니요 오직 너희니라 어린 아이가 부모를 위하여 재물을 저축하는 것이 아니요 부모가 어린 아이를 위하여 하느니라"고 말합니다. 바울은 재정적 지원을 거부한 것이 자녀의 유익을 위해 살아가는 '부모의 의무'와 일치한다고 생각했습니다. 바울은 이러한 자기 희생적 사역을 통해 자신의 물질적 필요보다 고린도 교인들의 영적 행복을 증진하는 데 집중했습니다. 이 모든 과정을 통하여서 바울이 진정으로 원하였던 관계는 부모가 자녀들에게 솔직하게 말하고 자녀들이 아버지에게 진정한 존경과 사랑의 표현으로 응답할 수 있는 상호 개방적인 관계였습니다(고후 6:11-13).

바울의 자비량 사역은 교회를 향한 그의 헌신적인 사랑을 보여주는 또 하나의 예시입니다. 고린도 교인들에 대한 자신의 헌신을 증명하고 복음이 방해받거나 목회사역을 방해하지 않기 위해 바울은 사도로서 자신의 권리 중 하나를 기꺼이 포기하였습니다. 고린도전서 4:11-12에서 바울은 힘들게 일하는 것을 교회의 유익을 위해 기꺼이 감내할 수 있는 많은 고난 중 하나로 꼽았습니다. 그는 "바로 이 시각까지 우리가 주리고 목마르며 헐벗고 매맞으며 정처가 없고 또 수고하여 친히 손으로 일을" 하였다고 말합니다. 바울은 자비량 사역을 하면서 많은 시간과 노력을 쏟아부어야 했으며, 심지어 오해를 받기도 하였지만, 이는 그의 목회적 애정을 드러내는 귀한 일이었습니다. 이는 고린도후서 6:10에서 "근심하는 자 같으나 항상 기뻐하고 가난한 자 같으나 많은 사람을 부요하게 하고 아무 것도 없는 자 같으나 모든 것을 가진 자로다"라고 자신의 사역을 묘사한 것과 일치합니다. 바울은 자신의 가난과 고난을 통해 고린도 교인들을 풍요롭게 하려고 노력하였으며, 복음을 값없이 전함으로써 자신은 부끄럽게 될지라도 고린도 교인들을 존귀하게 하려고 노력합니다. 다음 장에서 우리는 목회자가 겸손하게 기꺼이 낮아지는 것이 그리스도의 복음과 전적으로 일치한다는 것을 보게 될 것입니다.

오늘날 목회자들을 위한 교훈

재정적 지원에 대한 바울의 접근 방식에서 오늘날 목회자들은 어떤 교훈을 얻을 수 있을까요? 우리는 1세기 그리스·로마 세계와 오늘날 우리 사회의 문화적 역학관계가 상당히 다르다는 점을 염두에 두어야 합니다. 예를 들어, 후원자와 수혜자의 역학관계를 둘러싼 문제는 현대 목회자들에게 더 이상 큰 문제가 되지 않을 것입니다. 그러나 오늘날에도 여전히 많은 교회에서 목회자를 위한 재정 지원을 둘러싼 여러 긴장들이 존재합니다. 그렇기 때문에 목회자와 교회 모두가 생각할 수 있는 중요한 성경적 원칙을 배워야 합니다. 고린도후서에서 이를 위한 교훈 다섯 가지를 뽑아보겠습니다.

1. 하나님은 교회에게 복음 사역을 위하여 물질적인 지원을 하라고 명령하십니다.

복음 사역의 혜택을 받는 사람들이 복음 사역자들을 기꺼이 지원해야 한다는 것은 신약성경의 원칙입니다. 이 원칙은 사도행전 2:33-34, 데살로니가전서 2:9, 데살로니가후서 3:7-9에서 분명하게 드러납니다. 바울은 고린도 교인들의 재정적 지원을 거절하면서도 자신의 복음 사역에 대한 대가를 받는 것은 하나님이 주신 권리라고 주장합니다. 그는 성전에서 일하는 제사장과 레위인에 대한 구약의 지원을 언급하면서 "성전의 일을 하는 이들은 성전에서 나는 것을 먹으며 제단에서 섬기는 이들은 제단과 함께 나누는 것을 너희가 알지 못하느냐 이와 같이 주께서도 복음 전하는 자들이 복음으로 말미암아 살리라 명하셨느니라"(고전 9:13-14)고 말합니다. 비슷한 방식으로 예수님은 제자들에게 복음을 전하는 사람들에게 대접을 받으라고 지시하셨고, "일꾼이 그 삯을 받는 것이 마땅하니라"고 말씀하셨습니다(눅 10:7). 여기에서 예수님은 일반 노동의 영역에서 마땅히 이루어지는 것을 사역의 노동에도 동일하게 적용하면서 말씀하셨습니다. 예수님은 다른 모든 상황에서 일하는 노동자가 합당한 임금을 받을 자격이 있는 것처럼 주님의 교회에서 일하는 사람들도 합당한 임금을 받을 자격이 있다고 말씀하셨습니다.

그러므로 교회는 복음 사역을 충실히 지원해야 할 의무가 있습니다. 물론 현지 상황에 따라 물질적인 지원은 다양한 형태로 이루어질 수 있습니다. 또한 어떤 목회자는 바울처럼 말 그대로 "천막을 치는" 자비량 사역을 해야 할 수도 있습니다. 즉, 교회가 목회자를 전적으로 지원할 수 없는 경우, 목회자는 생계를 위하여 다른 직업을 가져야 할 수도 있습니다. 제가 속한 캐나다 개혁교회에서도 교회가 개척된 초창기에는 대부분의 가정이 이민을 온 지 얼마 되지 않았기 때문에 경제적으로 넉넉하지 않았습니다. 그래서 교회는 목회자의 사례를 드리지 못하고, 대신에 교인들이 사과 바구니와 계란 쟁반을 사택에 두고 가거나 소고기나 돼지고기를 사택 냉동고에 넣어두곤 했다고 들었습니다. 그러나 지금은 목회자들이 매달 은행 계좌로 사례를 지급받고, 거주할 집과 차량도 제공받습니다. 예수님의 말씀처럼 복음의 일꾼들은 이러한 지원을 받을 자격이 있습니다. 또한 이러한 지원을 통해 목회자들은 물질적인 걱정이나 다른 노동에 시달리지 않고, 더 많은 시간을 복음 사역에 할애할 수 있습니다.

누가복음 22:36에 나오는 예수님의 말씀은 고난 속에서 목회자가 어떻게 해야 하는지 가르칩니다. "이제는 전대(돈주머니) 있는 자는 가질 것이요 배낭도 그리하고 검 없는 자는 겉옷을 팔아 살지어다" 오늘날 선교사들도 처음 복음을 전할 때에 새로 예수님을 믿는 사람들로부터 지원을 기대하지 않는 것이 일반적입니다. 시간이 지난 후 새 신자들의 신앙이 자라고 성경을 더 깊이 이해하게 되면 그들에게 복음 사역을 위한 헌금을 하도록 가르칠 수 있습니다. 이처럼 복음 사역에 대한 물질적 지원은 장소와 상황에 따라 다를 수는 있지만 일반적으로 교인들이 감사하는 마음으로 헌금을 통하여 복음 전하는 사람을 지원하고, 이를 통하여 그리스도의 복음이 계속 전파될 수 있게 한다는 원칙은 변함이 없습니다.

2. 목회자는 금전적인 이익을 얻는 데 집중하지 않아야 합니다.

바울은 돈이 목회자의 사역에 미칠 수 있는 영향력을 예리하게 인식하고 있었습니다. 돈은 목회자를 탐욕스럽게 만들 수도 있고, 또는 설교를 제 멋대로 바꾸게 만들 수도 있습니다. 바울은 에베소 장로들에게 자신이 그들과 함께 있는 동안 "아무의 은이나 금이나 의복을 탐내지 않았다"(행 20:33)고 말하였습니다. 또한, 바울은 개인적인 이익을 위해 하나님의 말씀을 혼잡하게 하는 사람들을 비난하였습니다(고후 2:17). 이러한 유혹은 오늘날 목회자들에게도 여전히 존재합니다. 어떤 목회자는 현재 교회보다 훨씬 더 많은 사례비를 제시하는 교회에 부임하고 싶은 유혹을 받을 수도 있습니다. 또는 교회에 사례를 올려달라고 불평하거나 가능한 모든 재정적 혜택을 누리려고 노력하는 목회자가 있을 수도 있습니다. 그러나 이 문제에서 목회자는 매우 신중한 태도를 가져야 합니다. 목회자가 사역을 통해 재정적으로 이익을 얻으려는 것처럼 보이면 교인들과의 관계에 부정적인 영향이 있을 뿐만 아니라, 그들이 그리스도 안에서 성장하는 데에도 방해가 될 수 있습니다. 바울이 고린도 교인들에게 한 말은 목회사역에서 무엇이 우선되어야 하는지를 가르쳐 줍니다. "내가 구하는 것은 너희의 재물이 아니요 오직 너희니라"(고후 12:14). 신실한 목회자가 추구하는 것은 물질적 이득이 아니라 교인들이 그리스도와 함께 신실하게 동행하는 복을 누리는 것입니다.

  물질과 관련하여 목회자들이 직면하는 도전은 모든 기독교인들이 직면하는 도전과 본질적으로 동일합니다. 우리는 모두 자신의 권리 위에서 더 높은 명예와 인정을 추구하고, 더 많은 것을 얻고자 합니다. 그러나 성경은 모든 믿는 자들에게 우리가 가진 것에 만족하라고 가르칩니다(딤전 6:6). 예수님에 의해 구원을 받고 하나님의 값비싼 구속의 선물을 받은 사람으로서 우리는 지금 있는 모습 그대로 만족하며 감사해야 합니다. 뿐만 아니라 아버지 하나님께서는 우리의 모든 일상의 필요를 공급해 주시겠다고 약속하셨습니다. 히브리서 13:5은 "돈을 사랑하지 말고 있는 바를 족한 줄로 알라 그가 친히 말씀하시기를 내가 결코 너희를 버리지 아니하고 너희를 떠나지 아니하리라 하셨느니라"고 말씀합니다. 하나님의 이 확실한 약속을 확신하면서 목회자는 그리스도의 백성들 사이에서 헌신적으로 사역하고, 필요한 물질을 공급해 주실 하나님을 신뢰해야 합니다. 돈에 대한 이러한 자족의 태도는 회중들에게 좋은 본보기가 될 것이며 그리스도와 그분의 복음에도 영광이 될 것입니다.

3. 교회와 목회자는 재정 문제에서 투명해야 합니다.

고린도 교인들에게 보낸 두 편지를 살펴보면 바울이 재정 문제에 얼마나 많은 관심을 기울였는지 알 수 있습니다. 앞서 살펴본 바와 같이, 고린도전후서에서 그는 물질적 지원에 대한 자신의 권리를 설명하고, 고린도 교회로부터는 지원을 받지 않을 것을 분명히 밝히면서, 고린도 교회가 기근 구호를 위해 계속 헌금해 줄 것을 권면하였습니다. 심지어 그는 다른 교회로부터는 돈을 받았지만 고린도 교회로부터는 받지 않는다고 밝히기도 합니다. 금전적 문제에 대하여 바울이 이러한 투명한 태도는 재정 문제가 교회에서 분열을 일으킬 가능성이 높기 때문입니다. 그래서 바울은 가능한 공개적이고 명확하게 모든 것을 밝히고자 하였습니다. 바울은 다른 편지들(예: 딤전 6:6-10, 17)에서 돈에 대한 사랑이 가지고 있는 부패한 힘에 대하여 예수님께서 가르치신 말씀(눅 12:13-21)을 되풀이합니다. 돈에 대한 사랑은 목회자의 가르침을 부당하게 흔들거나 심지어 복음 사역을 완전히 무너뜨릴 수도 있기 때문에 교회와 목회자는 모두 재정 문제에 대해 전적으로 투명해야 합니다. 목회자는 재정 문제에 있어서 비난을 받지 않아야 하며, 교회는 돈 문제가 목회자와 성도 모두의 추악함을 드러낼 수 있음을 생각하며 조심해야 합니다.

이 장의 서두에서 저는 목회자의 사례가 토론의 주제가 될 때 어떤 불편한 대화가 오갈 수 있는지 언급했습니다. 물론 어색하긴 했지만, 특히 교회의 리더는 자신과 관련된 재정 문제에 대해 투명하고 개방적인 태도를 보여야 합니다. 교인들에게 '숫자'를 투명하게 보여주고 질문과 의견을 구하는 것이 현명합니다. 물론 이러한 토론을 합리적이고 신중하게 진행해야 합니다. 예를 들어, 모든 성도가 다 함께 있는 공동의회는 목회자의 사역의 열매를 검토하고 목회자의 사례를 논의하는 데 적절한 자리는 아닙니다. 목사의 사역의 평가와 사례에 대한 논의는 비공개로 이루어질 수도 있습니다. 그러나 공개적인 회의에서 목사를 비롯한 교회 직원들에 대한 사례에 대하여 질문을 받고, 장로들이 대답하면서 모든 것을 투명하게 공개하는 것이 지혜롭습니다. 어떤 방식이든 재정에 있어서 투명하게 하는 것이 목회자를 보호하고 교회의 하나 됨을 유지할 수 있는 길입니다.

4. 목회자는 기부자의 영향력을 인지하고 있어야 합니다.

바울이 고린도 교인들의 물질적 후원을 거절하였을 때, 그는 후원금을 받을 경우 자신이 감당해야 할 사회적 의무에 대해 예민하게 생각하였습니다. 이 경우 고린도 교인들이 좋아하도록 설교를 바꿔야 한다는 압박감도 있었을 것입니다. 그래서 바울은 성령이 이끄시는 확신에 따라 자유롭게 복음을 전하기 위해 그들의 압박으로부터는 자유롭기를 원하였습니다. 우리 시대와 문화에서는 로마 시대에 있었던 후원 관계의 사회적 압박이 사라졌지만, 지금도 선물이나 호의를 베풀어서 목회자에게 영향을 미치려는 시도가 있을 수 있습니다. 지도층에 있는 다른 공인들과 마찬가지로, 복음 사역자도 이러한 이해 상충의 문제를 경계해야 합니다. 목회자는 대부분의 사람들보다 더 높은 인지도를 가지고 있기 때문에 일부 교인들은 목회자와 특별한 관계를 맺기를 원할 수 있습니다. 이러한 친밀한 관계는 자신들의 명성에 도움이 되거나, 다양한 문제에서 목회자에게 영향을 미칠 수 있는 기회가 될 수도 있습니다. 또한, 목회자는 자신의 사례에 영향을 줄 수 있을 만큼 많은 헌금을 내고 있는 사람들을 불쾌하게 하지 않으려고 노력하는 유혹에 빠질 수도 있습니다. 헌금이 줄어드는 위험을 최대한 회피하고 긍정적이고 사람들이 좋아하는 설교로 안전하게 사역하는 것이 더 낫다고 생각할 수도 있습니다.

그러므로 이러한 유혹들을 고려하면 목사는 그에게 특별한 선물을 주려는 교인들의 압박을 인식하고 있어야 합니다. 목회자는 오랜 재정적 지원 때문에 사람들에게 의무감을 느껴서는 안 되며, 편애나 편견 없이 하나님 앞에서 자신의 일을 수행해야 합니다. 그렇다고 해서 목회자가 사람들이 베푸는 모든 호의나 관대함에 대하여 의심해야 한다는 의미는 아닙니다. 수년간 목회사역을 하면서 저와 제 가족은 교인들로부터 사려 깊은 선물, 꽃다발, 멋진 저녁 식사, 보트여행, 시내 여행과 같은 호의를 제공받았습니다. 그리스도와 그분의 복음을 사랑하는 사람들에게는 말씀 사역자에 대한 관대한 대접이 감사를 표시하는 적절한 방법입니다. 그럼에도 불구하고 목회자에게 그리스도를 위한 사역을 할 때에도 여전히 자기 유익을 추구하려는 유혹이 있을 수 있습니다. 목회자와 교인 모두 이러한 약점을 가지고 있으므로, 우리 모두는 자신의 유익을 위해서가 아니라 하나님의 영광을 위해 사역해야 한다는 점을 늘 기억해야 합니다.

5. 재정 문제에서 복음 사역이 항상 우선순위를 차지해야 합니다.

지금까지 고린도후서를 공부하면서 바울이 개인적으로 큰 대가를 치르더라도 복음 사역을 진전시키기 위하여 노력하는 것을 살펴보았습니다. 물질적 지원에 대한 바울의 태도를 살펴보면 바울이 집중하는 바가 무엇인지 분명하게 드러납니다. 고린도에서 사역하는 동안 그는 "값없이" 복음을 전할 수 있도록 자비량 사역을 결심했습니다. 후원의 압박과 탐욕이라는 비난에서 벗어난 바울은 복음을 자유롭게 전하고 교인들이 그리스도 안에서 성장할 수 있는 방식으로 목회하였습니다. 모든 목회자도 복음 사역에 방해가 된다면 재정적인 문제에서 자유롭고자 할 것입니다. 이는 앞서 살펴본 것처럼 목회자가 물질적 지원과 관련하여 투명하게 모든 것을 결정해야 한다는 의미입니다. 또한 이는 목회자가 복음 사역을 위해서는 얼마든지 낮은 사례를 받고도 사역할 수 있고, 자비량 사역도 할 수 있음을 의미합니다. 목회자의 편에서는 어떠한 경우에도 재정적인 문제로 교인들과의 관계가 망가지지 않도록 주의해야 합니다. 성도들은 목회자가 돈보다 자신을 더 사랑한다는 사실을 알 수 있어야 합니다. 이러한 신뢰 속에서 그리스도의 복음 사역은 더욱 전진할 수 있을 것입니다.

제7장

자발적인 고난

내가 우리의 모든 환난 가운데서도
위로가 가득하고 기쁨이 넘치는도다
(고후 7:4)

●

교회에 목회자가 없는 기간이 있을 수 있습니다. 이때에 교회는 새로운 목사를 찾기 위하여 청빙위원회를 구성합니다. 이때 청빙위원회는 목사들의 강점을 찾습니다. 그들은 청빙 대상자들이 설교, 상담, 행정 또는 그들의 교회에서의 사역에 있어서 어떤 강점이 있는지 알고 싶어합니다. 그러나 어떤 청빙위원회나 당회도 "우리 교회에 정말 필요한 목회자는 약한 사람"이라는 결론을 내리지는 않을 것입니다. 약한 설교자, 약한 목사, 온통 약한 성품을 가진 사람을 목사로 청빙하려는 교회가 있을까요?

따라서 약점이 많이 있었던 바울이 목회자로서 성공했다는 것은 놀라운 일입니다. 그는 3-40년 동안 여러 교회에서 사역했으며, 심지어 그의 사역은 많은 열매가 있었던 것으로 보입니다. 그런데 그가 고린도후서에서 자신의 사역에 대하여 설명하는 것을 들어보면 더욱 놀랍습니다. 바울은 고린도후서에서 첫 장부터 마지막 장까지 자신의 고난과 약점에 주목합니다. 바울에게 이것은 부끄러움이나 후회의 이유가 아닙니다. 그는 자신의 능력 부족을 기쁘게 여기고, 심지어 자신의 약함을 자랑하며, 고난을 기뻐한다고 말합니다. 이 장에서는 바울에게 약함과 고난이 무엇을 의미하며, 강하신 그리스도 안에서 안식한다는 것이 무엇을 의미하는지 살펴볼 것입니다.

십자가형 사역 모델

바울의 사역 모델은 그리스도의 고난이 그분의 사역을 이어가는 종들 사이에서도 지속된다는 진리에 기초합니다. 마태복음 10:24-25에서 예수님은 충성스러운 제자들이 어떻게 핍박을 받는 예수님의 운명에 동참할 수 있을지 가르치셨습니다. "제자가 그 선생보다, 또는 종이 그 상전보다 높지 못하나니 제자가 그 선생 같고 종이 그 상전 같으면 족하도다"와 같은 태도로 바울은 자신의 사역을 이렇게 설명합니다. "우리가 항상 예수의 죽음을 몸에 짊어짐은 예수의 생명이 또한 우리 몸에 나타나게 하려 함이라 우리 살아있는 자가 항상 예수를 위하여 죽음에 넘겨짐은 예수의 생명이 또한 우리 죽을 육체에 나타나게 하려 함이라 그런즉 사망은 우리 안에서 역사하고 생명은 너희 안에서 역사하느니라"(고후 4:10-12) 여기서 바울은 고난을 통하여서 주 예수의 "죽으심"이 드러날 수 있기 때문에 그리스도의 고난에 참여하는 목회자의 고난이 필수적이라고 말합니다. 바울은 자신을 희생하면서 교인들을 사랑함으로써 십자가의 의미를 드러냈습니다. 이것이 바로 그리스도의 백성의 유익과 그리스도의 이름의 영광을 위해 자신을 희생하여 목회를 하는 십자가형 사역 모델입니다. 다시 말해, 기독론과 목회 사이에는 결코 분리될 수 없는 연결고리가 있습니다. 바울은 교회를 위해 핍박과 고난을 기꺼이 감내했고, 심지어 그 고난이 자신의 죽음을 초래할지라도 이를 받아들였습니다.

바울은 고난을 목회사역에서 필수적인 요소라고 말합니다. 고린도후서 4:10-12뿐만 아니라 이 서신의 다른 여러 구절에서도 그는 고난 당하시는 그리스도와의 연합의 관점에서 자신의 사역을 설명합니다. 예를 들어, 바울은 신자들의 "위로와 구원"을 위해 자신이 고난을 받을 때에 "그리스도의 고난이 우리에게 넘친다"고 말합니다(고후 1:5-6). 그리스도께서 그의 백성에게 영원한 축복을 가져다주기 위해 고난을 받으신 것처럼, 바울도 교회의 영적 유익을 위하여 고난을 받았습니다. 골로새서 1:24에서 바울은 "이제 너희를 위하여 받는 괴로움을 기뻐하고 그리스도의 남은 고난을 그의 몸된 교회를 위하여 내 육체에 채우노라"고 말합니다. 십자가에서 그리스도의 구원 사역은 완전하게 성취되셨습니다. 그러나 부활하시고 승천하신 그리스도의 복음을 이 땅 가운데 전하고, 지상에 그분의 몸을 세우기 위해서는 그분의 종들이 고난을 겪어야만 합니다. 바울의 수많은 역경은 그의 삶 속에 찾아온 불행한 사건의 연속이 아니라 예수님의 고난과 죽음이 그를 통하여 드러난 영광이었습니다

(갈 6:14, 빌 2:17, 딤후 2:10).

고린도후서 말미에 바울은 십자가 사역 모델의 기초를 다시 한번 강조합니다. "그리스도께서 약하심으로 십자가에 못 박히셨으나 하나님의 능력으로 살아 계시니 우리도 그 안에서 약하나 너희에게 대하여 하나님의 능력으로 그와 함께 살리라"(고후 13:4) 바울은 자신의 약함을 기꺼이 인정하고 심지어 그것을 자랑하기까지 하였습니다. 왜냐하면 예수님 자신이 연약함 속에서 다른 사람들의 삶을 변화시키는 삶을 보여주셨기 때문입니다. 예수님은 화려하고 카리스마 넘치는 인물이 아니라 나사렛 출신의 볼품없어 보이는 분이었습니다. 예수님은 공생애 기간 내내 주변 사람들의 고통을 외면하지 않으셨습니다. 마가복음 10:45에서 예수님은 제자들에게 "인자가 온 것은 섬김을 받으려 함이 아니라 도리어 섬기려 하고 자기 목숨을 많은 사람의 대속물로 주려 함이니라"고 말씀하셨습니다. 예수님이 이 땅에 오신 첫 번째 목적은 유명하고 영광스러운 존재로 인정받기 위해서가 아니었습니다. 예수님은 능력이 없는 사람들을 돕기 위하여 낮은 자의 모습으로 오셨습니다. 그리고 평생토록 육신의 연약함과 한계 속에서 고통을 받으시고, 결국에 수치스러운 십자가에서 생을 마감하셨습니다. "그리스도께서 약하심으로 십자가에 못박히셨습니다"(고후 13:4) 예수님은 십자가의 불행을 막지 못하셨고, 자신의 생명도 지키지 못하셨습니다. 바울이 말했듯이 십자가는 약함과 어리석음의 상징입니다(고전 1:18-24). 그러나 하나님은 예수님을 죽음에서 다시 살리시고 죄인 된 세상을 구원함으로써 십자가를 통한 그분의 능력을 나타내셨습니다.

바울은 예수님의 고난의 모범을 자신의 고난, 연약함과 연결합니다. 예수님께서 구속을 이루기 위해 십자가에서 자신을 내어주신 것처럼, 바울도 교회의 유익을 위해 부끄러움 없이 헌신하고자 합니다. 그는 고린도 교인들을 섬기기 위하여 언제나 예수님께서 보여주시고, 가르치신 대로 십자가의 사역 모델을 본받으려 하였습니다. 목회자로서 바울은 예수님을 그대로 본받으려고 하였습니다. 예수님이 약해지셨기 때문에 그도 약해졌고, 예수님은 다른 사람을 섬기기 위해 자신을 내어주셨기에 바울도 그렇게 할 수 있었습니다.

매우 불편한 모델

바울은 그리스도를 본받는 사역을 추구하였기 때문에 고린도후서에서 그는 십자가형 사역모델을 강력하게 변호합니다. 바울은 고린도 교인들이 약함과 고난을 거부하고, 멸시하는 것이 실제로는 복음을 거부하는 것이라고 생각합니다. 이는 "십자가형 사역"과는 매우 다른 것입니다. 사실 바울이 계속해서 언급하고 있는 그의 약함과 고난에 대한 자랑은 당시 고린도 교인들의 가치관에 정면으로 반하는 것이었습니다. 고린도는 신분 상승을 꿈꾸는 사람들이 모인 도시이기에 바울의 자기 비하가 불쾌하게 여겨졌을 것입니다. 고린도 교회에서는 진실한 설교, 바른 설교보다 화려한 사역의 겉모습이 너 중요하게 여겨졌습니다. 그런데 이 땅에서 메신서의 겉모습이 너무 드러나면 실제 메시지는 왜곡되거나 약화될 수 있습니다. 바울은 실제로 '다른 예수'를 전파하거나 '다른 복음'을 전하는 반대자들을 받아들이는 고린도 교인들에 대하여서 매우 실망스럽게 말합니다. "만일 누가 가서 우리가 전파하지 아니한 다른 예수를 전파하거나 혹은 너희가 받지 아니한 다른 영을 받게 하거나 혹은 너희가 받지 아니한 다른 복음을 받게 할 때에는 너희가 잘 용납하는구나"(고후 11:4) 바울은 고린도 교인들에게 세속적인 기준과 가치관에 의해 만들어진 그들의 목회사역에 대한 기대를 버리라고 권면합니다. 그러면서 "우리가 다시 너희에게 자천하는 것이 아니요 오직 우리로 말미암아 자랑할 기회를 너희에게 주어 마음으로 하지 않고 외모로 자랑하는 자들에게 대답하게 하려 하는 것이라"(고후 5:12)고 말합니다. 그는 외형적인 모습만을 추구하는 당시 사람들의 기대에 도전하고, 진정한 지혜와 능력이 어디에 있는지 살펴볼 것을 촉구합니다.

  바울이 보여준 십자가형 목회 모델을 추구하는 목회자는 많지 않습니다. 그리고 그런 목회자를 원하는 교회도 거의 없을 것입니다. 오늘 우리에게도 이는 여전히 매우 불편한 모델입니다. 이전 장에서 우리는 세속적인 문화가 교회 지도자와 그들의 은사를 평가하는 방식에 어떤 영향을 미칠 수 있는지 살펴보았습니다. 예를 들어, 오늘날 일반적으로 사람들은 개인의 능력과 카리스마에서 권위가 나온다고 생각합니다. 따라서 목회자는 자신의 약점을 감추기 위하여 노력하는데, 이는 하나님께서 자신의 약점을 사용하셔서 그분의 거룩한 뜻을 이루시는 것을 잘 모르기 때문입니다. 실제로 목회자들은 때때로 자신의 무능력함에 대해 자책하며, '은사가 부족하다'는 핑계로 목회사역에 최선을 다하지 않습니다. 그러나 하나님은 누구든지 그분의 은혜를 의지하면 성령을 통하여서 능력을 주시고 그를 사용하실 수 있는 분입니다.

바울은 하나님께서 약한 자들도 그리스도의 능력으로 사용하실 수 있음을 드러냅니다. 그러나 이는 스스로 능력 있다고 생각하는 자들의 위험을 암시하고 있습니다. 목회자가 설교나 상담 또는 리더십에서 탁월한 재능을 가지고 교회를 섬길 때, 자칫 교회가 자신의 능력에 의하여 세워진다고 착각할 수 있습니다. 이러한 오만의 유혹이 목회자에게 항상 도사리고 있습니다. 그러나 십자가형 사역 모델은 그런 목회자들에게 성공의 영광을 꿈꾸지 말고, 오직 종의 역할에 만족할 것을 가르칩니다. 오히려 그리스도와 그분의 복음을 위하여 섬길 수 있음에 감사하며 더욱 온전하게 교회를 섬기는 데 집중합니다. 이것은 바울이 그의 수많은 고난을 통하여서 깨달은 아주 분명한 진리입니다.

목회사역에서 바울의 고난

목회자가 가장 불평이 많다고 할 수는 없지만, 개인적인 경험으로 볼 때 목회자에게는 늘 불평하고 싶은 유혹이 있습니다. 목회자는 매주 은혜가 되는 설교를 준비하기 위해 많은 시간을 쏟아부어야 하고, 리더십의 외로움을 느끼며, 고약한 성도들 때문에 불평하고 싶은 마음이 들 수 있습니다. 그러나 이럴 때 목회자는 불평하는 마음이 하나님을 기쁘시게 하지 못하는 것을 알아야 합니다(빌 2:14). 또한 목회자는 모든 목회적 고난이 궁극적으로 예수님을 위한 것이고, 그분의 백성의 위로와 구원을 위한 것임을 기억해야 합니다.

이 진리는 고린도후서에 잘 드러나 있습니다. 바울의 반대자들은 겉으로 화려하게 보이는 능력, 성과 등을 중요하게 여겼지만, 바울은 자신의 약함과 고난을 말합니다. 그는 고난을 그리스도 안에서 겪어야 하는 그리스도인의 삶의 근본적인 한 부분일 뿐만 아니라(롬 8:17 참조), 목회사역에서 피할 수 없는 것으로 여겼습니다(고후 4:8-10 참조). 바울은 고린도후서 6:4-5에서 사역의 본질을 설명하며 "오직 모든 일에 하나님의 일꾼으로 자천하여 많이 견디는 것과 환난과 궁핍과 고난과 매 맞음과 갇힘과 난동과 수고로움과 자지 못함과 먹지 못함"을 언급합니다.

바울은 이 편지의 첫 장에서 "형제들아 우리가 아시아에서 당한 환난을 너희가 모르기를 원하지 아니하노니 힘에 겹도록 심한 고난을 당하여 살 소망까지 끊어지고"(고후 1:8)라고 시작하면서 고난을 언급합니다. 바울은 최근 고린도 교인들을 위하여 심각한 고난을 견뎠습니다. "우리가 환난을 당한 것도 너희가 위로와 구원을 받게 하려는 것이요"(고후 1:6) 바울은 하나님께서 고린도 교인들의 유익을 위해 자신의 고난을 사용하실 수 있다고 믿었습니다. 바울은 고난을 당했고, 하나님은 고난 속에서 그를 위로하셨으며, 고린도 교인들에게도 그 위로를 나누어 주셨습니다. 바울은 고난을 받는 것이 교회를 위한 것이라고 확신했기 때문에 언제나 기쁨으로 교회를 위한 고난을 감당하였습니다(고전 4:10~13).

이런 마음으로 바울은 고린도후서 전체, 특히 10-13장에서 자신이 자랑할 것이 무엇인지 내세웁니다. 자랑이라는 개념은 자기를 과시하는 자만심으로 오해하기 쉬운데, 바울의 자랑은 반대자들의 주장을 고려하여서 이해해야 합니다. 이전 장에서 언급했듯이, 바울의 반대자들은 설교, 영적 체험, 헌신에 있어서 사도 바울보다 자신이 더 우월하다고 주장하였습니다. 바울은 그들과 자신을 비교하는 것을 거부하고(고후 10:12-13), 심지어 자신이 자랑할 때는 사과까지 합니다(고후 12:11). 그리고 바울은 자신의 사역의 열매나 성과가 아니라(분명 많이 있었을 것입니다!), 자신이 예수 그리스도의 연약한 종임을 도리어 자랑하였습니다. 고린도후서 11:30에 나오는 그의 이 말은 고린도후서 전체의 주제라 할 수 있습니다. "내가 부득불 자랑할진대 내가 약한 것을 자랑하리라"

바울은 과거와 현재의 고난을 나열하며 자신의 고난을 이야기합니다. 예를 들어, 그는 반대자들을 다시 언급하면서 이렇게 묻습니다. "그들이 그리스도의 일꾼이냐 정신 없는 말을 하거니와 나는 더욱 그러하도다 내가 수고를 넘치도록 하고 옥에 갇히기도 더 많이 하고 매도 수없이 맞고 여러 번 죽을 뻔"하였도다(고후 11:23). 학자들은 그리스·로마 수사학에서 바울처럼 "고난의 목록"을 나열하는 것이 드물지 않았다고 말합니다. 고난은 그 사람이 가진 미덕의 진정성을 드러낸다고 믿었기 때문에 정치 지도자나 철학자들은 자신들이 겪은 불행을 자세히 묘사하면서 그들의 진정성을 입증하였습니다. 바울이 고린도후서 11장에서 자신의 많은 고난을 묘사할 때 이런 관행을 염두에 둔 것으로 보입니다. "여러 번 여행하면서 강의 위험과 강도의 위험과 동족의 위험과 이방인의 위험과 시내의 위험과 광야의 위험과 바다의 위험과 거짓 형제 중의 위험을 당하고"(고후 11:26) 그런데 이 위험한 삶이 바로 그리스도께서 부르신 목회자의 삶이었습니다.

바울은 계속해서 자신의 고난을 언급합니다. "유대인들에게 사십에서 하나 감한 매를 다섯 번 맞았으며"(고후 11:24) 사도행전을 보면 유대인들은 바울에게 돌을 던졌고, 때로는 폭도들이나 로마 군인들이 그를 구타했습니다. 또한, 바울은 교회를 세우기 위해 지중해 지역을 자주 여행하는 동안 "세 번 파선"(고후 11:25)한 적도 있다고 말합니다. 그 중 한 번은 난파된 후에 "일 주야를 깊은 바다에서 지냈"다고 말합니다(고후 11:25). 아마도 그는 바다 한 가운데에서 잔해 조각에 매달려 구조를 간절히 기다렸던 적이 있었던 것 같습니다. 사실 이런 고통을 한 달만 겪어도 목회자는 목회를 포기할지도 모릅니다. 그러나 바울은 그때마다 고통을 견뎌냈습니다.

바울은 누군가 혹시 자신이 과장한다고 비난할 수도 있다는 예상에 "주 예수의 아버지 영원히 찬송할 하나님이 내가 거짓말 아니하는 것을 아시느니라"(고후 11:31)라고 확언합니다. 이러한 고난은 소수만 알거나, 어쩌면 혼자만 알고 있는 것이 있을 수도 있습니다. 그러나 그가 홀로 고난을 당할 때에도 하나님은 모든 순간을 지켜보고 계셨습니다. 이러한 고난의 목록을 통하여서 바울이 드러내고자 한 것은 그가 이런 고난을 이겨낼 수 있는 능력이 있었다는 것이 아닙니다. 오히려 바울은 더욱 그의 연약함을 드러냈습니다. 만약 어떤 목사가 자주 감옥에 가거나, 자주 사람들에게 매를 맞고 몸 져 누워 있다면 누구도 그를 유능한 목회자로 보지는 않을 것입니다. 목사가 항상 지치고 배고프고 불안정한 상황에서 살고 있다면 그는 무슨 설교를 할 수 있을까요? 그가 항상 위험에 노출되어 있다면 늘 불안한 상황일 수도 있습니다. 하지만 바울은 이 모든 고통과 역경에도 불구하고 하나님께서 위대한 일을 위해 자신을 사용하신다고 말합니다. 그는 고린도후서 4:7에서 "우리가 이 보배를 질그릇에 가졌으니 이는 심히 큰 능력은 하나님께 있고 우리에게 있지 아니함을 알게 하려 함이라"고 말합니다. 새 언약을 외치는 놀라운 특권이 바울에게 주어졌지만, 그는 스스로를 쉽게 깨지고 금방 버릴 수 있는 '질그릇'으로 여겼습니다. 연약하고 고통받는 사도는 그 자체로 쓸모없는 그릇이었지만, 이로 인해 오히려 그가 가지고 있는 보물의 가치가 더욱 선명하게 드러났습니다.

고난의 방대한 목록을 나열하면서 바울은 고린도 교인들이 "저렇게 약한 바울이 어떻게 그런 일을 해낼 수 있을까요?"라고 말하길 바랐습니다. 성도들이 "바울은 정말 약하고 항상 고통 속에 있지만, 그럼에도 불구하고 그가 계속해서 목회사역을 감당하네요"

라고 말하길 원하였습니다. 바울의 관심은 바울 자신이 아니라 주님의 탁월하심, 그분의 은혜와 능력과 신실하심에 있었기 때문입니다. 바울은 그리스도를 떠나서는 아무것도 할 수 없었습니다. 그래서 바울은 자신의 능력을 의존하지 않았습니다(참조: 요한복음 15:5). 오히려 바울이 가장 약했을 때 주님의 능력이 가장 선명하게 드러났습니다. 오늘도 목회자들은 우리의 연약함을 자랑하면서 매일 오직 그리스도를 의지하면서 이 목회사역을 감당해야 합니다.

바울의 가시

고린도후서 12장에서 바울의 자랑은 시련과 연약함에서 환상과 계시로 이어집니다. 그의 삶 속에서 의심할 여지없이 가장 중요한 계시는 다메섹 도상에서 부활하신 예수님을 대면하고 그의 인생 전체를 바꾼 사건입니다(행 9:1-9; 참조: 행 22:6-11; 26:12-20). 그런데, 바울은 마게도냐 사람이 와서 도와달라고 청하는 환상을 보았고(행 16:9-10), 또 다른 환상 가운데 주님의 메시지를 받은 적도 있습니다(행 18:9). 바울은 고린도후서 12장에서 자신이 어떻게 천국을 엿보았는지 말합니다. "내가 그리스도 안에 있는 한 사람을 아노니 그는 십사 년 전에 셋째 하늘에 이끌려 간 자라(그가 몸 안에 있었는지 몸 밖에 있었는지 나는 모르거니와 하나님은 아시느니라)"(고후 12:2). 바울은 이 경험을 3인칭으로 이야기하면서, 너무 엄청난 일이라 모든 것을 다 완전히 드러낼 수 없는 것처럼 묘사합니다. 이처럼 바울은 신비한 경험을 하는 엄청난 특권을 누렸지만, 그 동안 이 경험을 자랑하지 않았던 것 같습니다. 이 사건은 14년 전에 일어났던 사건이지만, 아마도 바울이 여기에서 처음으로 사람들에게 공개를 한 것 같습니다! 이처럼 바울은 자신의 놀라운 영적인 체험을 자랑하기보다는 자신이 사역 가운데 고난 받고 있음을 드러내기를 원하였습니다.

그래서 바울은 자신의 환상에 대해 말하자마자 다시 자신의 약점으로 돌아옵니다. 그는 "사탄의 사자"로 여겨지는 "육체의 가시"가 어떻게 자신에게 주어졌는지에 대해 언급합니다. 그러면서 그는 하나님께 이를 제거해 달라고 간구하였습니다(고후 12:7-8). 바울이 말하는 가시가 무엇인지 다양한 추측이 있습니다. 이 가시가 유혹과 같은 영적 문제이거나, 지속적인 박해의 위협이거나, 신체적 또는 정신적 질병일 수 있다는 견해들이 있습니다. 그런데 여기서 보다 중요한 것은 가시의 정확한 정체보다 가시를 제거해 달라는 바울의 요청에 대한 그리스도의 대답입니다. "내 은혜가 네게 족하도다 이는 내 능력이 약한 데서 온전하여짐이라 하신지라"(고후 12:9) 그리스도께서는 인간의 약함을 통하여서 도리어 강하게 역사하실 수 있습니다. 그래서 바울은 이렇게 확언합니다. "그러므로 도리어 크게 기뻐함으로 나의 여러 약한 것들에 대하여 자랑하리니 이는 그리스도의 능력이 내게 머물게 하려 함이라"(고후 12:9) 다시 말하지만, 바울이 약할 때, 즉 박해를 받고 모욕을 당하고 굴욕을 당하고 가난하고 병들고 멸시를 받고 심지어 개종자들에게 천대를 받을 때 도리어 그리스도의 능력이 가장 선명하게 드러납니다. 그래서 연약한 바울이라고 할지라도 그리스도 안에서 신실하고 즐겁게 사역할 수 있었습니다.

따라서 바울의 가시는 다른 모든 고난들과 마찬가지로 사람들로 하여금 영광스러운 주님과 그분의 은혜를 바라보게 하는 이유가 되었습니다. 바울의 많은 약점은 우리가 비천하고 연약한 사람이 아니라 오직 구세주에게서 위대한 일을 기대할 수 있음을 의미합니다! 이러한 확신 때문에 바울은 모든 고난들을 놀랍도록 긍정적으로 바라볼 수 있었습니다. "우리가 사방으로 욱여쌈을 당하여도 싸이지 아니하며 답답한 일을 당하여도 낙심하지 아니하며 박해를 받아도 버린 바 되지 아니하며 거꾸러뜨림을 당하여도 망하지 아니하고"(고후 4:8~9) 고난 속에서 바울은 오직 그리스도의 능력만을 바라보았습니다. 그러면서 그는 다른 모든 목회자들에게도 이를 권면합니다. 비록 개인적인 연약함과 교회를 돌보는 부담으로 인하여서 고통스러울지라도 목회자는 바울처럼 그리스도의 능력을 바라봐야 합니다.

목회사역의 고통

바울은 고린도후서 전체에서 목회사역에는 고통이 반드시 수반된다는 것을 말하였습니다. 하지만, 신학교에서 신입생을 모집할 때에는 이를 거의 알리지 않습니다. 불편한 사실이지만 목회사역에서 고난은 피할 수 없습니다. 예를 들어, 목회자라면 당회나 심방 후에 집에 돌아와 잠을 이룰 수 없었던 경험이 있을 것입니다. 자신이 돌봐야 하는 성도들에 대하여 생각하고 고민하고 기도하느라 머릿속이 복잡했기 때문입니다. 이렇게 잠을 이루지 못하는 것이 고통스러운 일이지만, 사실 목회자로서 크게 특별할 것도 없습니다. 바울은 십자가형 사역 모델을 따르는 목회자에게 이런 일은 당연히 있을 수 있는 일이라고 말합니다.

바울은 여러 가지 고난들을 나열한 후에, "이 외의 일은 고사하고 아직도 날마다 내 속에 눌리는 일이 있으니 곧 모든 교회를 위하여 염려하는 것이라"(고후 11:28)고 말합니다. 그는 교회를 위한 염려를 무거운 짐으로, 끊임없이 자신의 마음을 짓누르는 것으로 묘사합니다. 그는 왜 "모든 교회를 위한 깊은 염려"를 가졌을까요? 바울은 복음이 전파되지 않은 곳이라면 어디든 가고 싶어하는 순회 목회자였습니다. 하나님은 바울을 이곳저곳으로 움직이시면서 효과적으로 사용하셨지만, 그때마다 바울은 여러 곳에 새 신자들을 그대로 남겨두고 떠나야 했습니다. 이들에게는 세속적인 세상 속에서 거룩한 백성으로 살아가야 하는 긴장과 도전이 있었습니다. 또한, 이들의 교회는 제대로 조직되지 않은 채 남겨지기도 하였고, 교회 내에 싸움이 있었으며, 때로는 신앙에 대해 초보적인 이해만 있었던 경우도 있었습니다. 따라서 바울은 당연히 이러한 새 신자들에 대한 긴장과 염려로 씨름했을 것입니다. 고린도후서 7:5에서 바울의 이러한 고민을 엿볼 수 있습니다. "우리 육체가 편하지 못하였고 사방으로 환난을 당하여 밖으로는 다툼이요 안으로는 두려움이었노라"

바울은 그리스도의 사람들을 지극히 아꼈기 때문에 그들이 어려움을 당하면 바울도 고통을 받았습니다. 그는 고린도후서 11:29에서 "누가 약하면 내가 약하지 아니하며"라고 자신의 "깊은 염려"를 드러냅니다. 그들 가운데에는 믿음이 연약하고, 늘 의심하며, 하나님의 뜻을 신뢰하지 못하는 성도들이 있었습니다. 바울은 교회에서 신앙과 봉사에 있어서 어려움을 겪는 교인들의 이야기를 들으며 걱정했습니다. 비록 그들과 함께 있지는 못했지만, 바울은 그들을 가르치고 도와주고 싶었습니다.

그는 계속해서 "누가 실족하게 되면 내가 애타지 아니하더냐"라고 말합니다(고후 11:29). 바울은 고린도 교인들의 심각한 죄에 대한 보고를 받았습니다. 한때 그가 목회했던 사람들이 돈을 훔치고, 매춘부에게 돌아가고, 술에 취해 있다는 소식이었습니다. 이 말을 바울은 무심히 넘길 수 없었고, 마치 자신의 실수인 것처럼 매우 아파했습니다. 바울은 이 상황에 분노하였고, 죄와 싸움에서 그들을 돕고, 함께 기도하고, 훈계하고 격려하고 싶었습니다. 이것은 매일 그를 괴롭히는 또 다른 고통이었습니다. 이것이 바로 바울이 가지고 있던 "모든 교회에 대한 깊은 염려"였습니다.

바울의 말은 사역에 지쳐 있는 많은 목회자들이 공감할 수 있는 이야기입니다. 목회자들에게 교인들의 삶을 생각하는 것은 무거운 짐이 됩니다. 사실 장로나 심지어 사모도 목회자가 교인들을 얼마나 생각하고, 그들의 어려움을 함께하며, 그들을 가슴에 품고 있는지 모를 때도 많이 있습니다. 때로는 목회자가 너무 교인들의 삶에 신경을 쓰는 것이 약점이 되기도 합니다. 누군가는 교인들의 어려움과 아픔에서 목회자 자신을 분리하지 못하는 것은 바람직하지 못하다고 여깁니다. 또는 목회자가 그런 일로 감정적으로 쉽게 흔들리지 않기를 바라는 사람들도 있습니다. 사실 이런 고통에서 자유롭기 위해서는 자기만 생각하면 됩니다. 목회자가 항상 자기 자신과 자신의 이익만 생각하면, 교인 중에 약하고 걸려 넘어지는 사람들이 있다고 하더라도 별로 신경 쓰지 않을 것입니다. 하지만 바울이 고린도후서에서 목회자들에게 교인들의 삶에 신경 쓰지 말고, 냉정해지라고 가르칠까요? 절대 아닙니다! 오히려 이런 태도는 고린도에 있었던 바울의 반대자들, 다른 사람들의 고통을 함께 아파하기에는 너무 세련된 사람들의 특징이었습니다. 바울은 그들과 달리 냉정하지 못하다고 비판을 받았습니다. 그래도 바울은 이를 신경 쓰지 않고 도리어 기뻐하였습니다. 그는 그리스도를 위해서 다른 사람들을 돌보는 고난을 기꺼이 받아들일 수 있었습니다. 따라서 오늘날 목회자들은 교인들을 위한 '깊은 염려'을 가지고 살았던 바울의 말을 기억해야 합니다. 그러면 하나님을 기쁘시게 하고 자기 희생적인 올바른 사역이 무엇인지 알 수 있을 것입니다. 이는 로마서 12장에서 바울이 모든 신자들에게 "즐거워하는 자들과 함께 즐거워하고 우는 자들과 함께 울라"(롬 12:15)고 명령한 것과 일치하는 태도입니다.

그리스도를 섬기는 목회자는 자신이 섬기는 교인들의 고난과 기쁨에 기꺼이 함께 해야 합니다. 목회자가 결손 가정을 방문하거나, 슬픔이나 죄책감으로 고통 당하는 사람들과 상담할 때, 또는 결혼 생활의 어려움으로 씨름하는 부부와 상담을 할 때 그들의 고통을 함께 짊어질 수 있습니다. 그런데 사실 그런 사람들에게 다가가는 것은 결코 쉽지 않습니다. 가슴 아픈 이야기를 듣고 쓰라린 눈물을 흘리는 사람들을 바라보는 것은 고통스럽습니다. 그들을 돕는 사람에게는 엄청난 부담이 따를 수밖에 없습니다. 하지만 목회자가 교인들의 삶에 깊이 참여하는 것은 당연한 일입니다. 어떤 사람들은 목회자가 유약하다고 비판할지 모릅니다. 그러나 그것은 그리스도를 닮은 약함입니다. 목회자는 누군가를 변화시킬 수 없거나 그들을 도울 수 없는 자신의 부족함 속에서 밤잠을 이루지 못하고 뒤척일 때, 그는 더욱 강하신 그리스도를 의지하는 법을 배우게 됩니다. 고린도후서는 하나님께서 인간의 연약함을 통해 자신의 크신 능력을 보여주신다는 사실을 가르칩니다. 그래서 바울은 고린도후서 1:6에서 "우리가 환난 당하는 것도 너희가 위로와 구원을 받게 하려는 것이요"라고 말할 수 있었습니다.

목회사역의 헌신

지금까지 우리는 고린도 교인들을 섬기기 위한 바울의 헌신을 볼 수 있었습니다. 이러한 헌신은 오늘날 목회사역을 하는 목회자들을 겸손하게 하면서, 동시에 큰 감동과 교훈을 주는 본보기입니다. 아마도 많은 목회자들은 자신의 사역에 대하여 불평하고 있을지 모릅니다. 어쩌면 그들은 바울이 고통스럽고 힘든 당회에 대해서는 전혀 몰랐을 것이라고 말할지도 모릅니다. 그러나 바울은 교인들 속에 있는 수많은 불평하는 사람들, 극심한 고통이 뒤따르는 결정들, 다른 사람들의 죄와 고통으로 인한 아픔들은 분명히 알고 있었습니다. 그래서 바울은 여러 가지 사역 속에 지쳐서 불평하는 목회자들의 마음을 분명히 이해할 수 있을 것입니다.

섬김과 자기 부인은 결코 쉽지 않습니다. 그러나 목회자는 그리스도께서 피로 사신 성도들을 기꺼이 섬겨야 합니다. 목회자가 영혼의 가치를 알면 그들을 보호하고 양육하기 위해 기꺼이 열심히 일하게 됩니다. 그렇다고 해서 목회자가 충분한 휴식을 취하고 자신의 몸과 영혼을 돌보는 시간이 필요하다는 것을 부인하는 것은 아닙니다. 교회에서 끝없는 사역의 부담으로 지쳐서 사역을 떠나는 목회자들이 너무 많습니다. 목회자는 당연히 휴식과 재충전의 시간을 가져야 하지만, 동시에 그들은 그리스도의 백성을 돌보기 위하여 전적으로 헌신할 준비가 되어 있어야 합니다. 그리고 목회자가 다른 사람들을 위해 자신을 쏟아 붓고 있다고 느낀다면, 그는 잘하고 있는 것입니다. 이것이 바로 바울이 한 일입니다. 그리고 보다 더 중요한 것은 예수님께서 죄인의 구원과 하나님의 영광을 위해 그분의 평생을 바치셨습니다. 힘들고 어려운 시기에도 목회자가 버틸 수 있는 힘은 그리스도께서 사신에게 이 엉뚱스러운 사명을 주셨다는 사실 때문입니다.

약하지만 강한

　아마도 모든 목회자는 스스로를 특별한 사역을 하고 있다고 착각할지 모릅니다. 사실 바울은 의심할 여지없이 뛰어난 목회자이자 그리스도의 종이었습니다. 그는 자신을 반대자들과 비교하면서 그들보다 더 열심히 일하고, 더 자주 감옥에 가고, 더 심한 채찍질을 당하고, 죽음에 노출되고, 피로와 불면증, 배고픔과 목마름에 시달렸다고 이야기합니다. 그러나 아무도 바울이 스스로를 자랑한다고 생각하지 않도록 고린도후서 11장에 나오는 그의 고난 목록은 이렇게 끝납니다. "다메섹에서 아레다 왕의 고관이 나를 잡으려고 다메섹 성을 지켰으나 나는 광주리를 타고 들창문으로 성벽을 내려가 그 손에서 벗어났노라"(고후 11:32-33) 이는 익숙한 이야기입니다. 바울이 믿음을 가진 후 그의 목숨이 위태로워지자 다메섹의 신자들이 바울의 도피를 도와주었습니다. 그들은 바울을 큰 바구니에 담아 도시 밖으로 내려 보냈습니다. 기억에 남는 이야기지만 고린도후서 11장의 맥락에서 보면 의아한 이야기입니다. 바울은 자신의 고난에 대해 이야기하면서 마지막 절정의 순간 왜 이 이야기를 집어넣었을까요?

　사도 바울은 자신이 영웅이 아니라는 것을 드러내고 싶었습니다. 그래서 이 이야기를 마지막에 집어넣었습니다. 바울은 아마도 당시 로마 군대의 관습을 생각하고 있었을 것입니다. 당시 로마 군대가 한 도시를 포위하고 공격할 때 가장 먼저 사다리를 타고 성벽을 넘어간 용감한 병사에게는 큰 상급이 주어졌습니다. 가장 먼저 성벽을 넘은 병사에게는 작은 왕관이 보상으로 주어지기도 했습니다. 그런데 지금 바울의 모습은 어떻습니까? 그는 가장 먼저 올라간 사람이 아니라 가장 먼저 내려온 사람입니다. 그는 용감하게 사다리를 타고 올라간 것이 아니라 창문을 통해 바구니에 담겨 내려왔습니다. 하나님은 분명히 그날 바울을 구해 주셨습니다. 그러나 바울에게 이 사건은 그의 인생에서 일어난 수많은 다른 사건들과 마찬가지로 자신의 유약함을 드러내는 사건입니다. 도망자처럼 도시를 빠져나가는 것이 그의 인생의 최고의 순간은 아닐 것입니다. 그러나 바울에게 이는 자신의 약함을 가장 잘 보여주는 사건이었습니다. 바울의 반대자들은 화려한 겉모습을 자랑했을지 몰라도 바울은 자신의 연약함을 자랑했습니다. 그리고 그의 연약함을 통하여서 사람들은 더욱 그리스도의 능력을 바라보게 되었습니다.

앞서 말했듯이 당시 고린도 문화에서는 카리스마적인 연설을 하는 사람들이 매력이 있었습니다. 어쩌면 오늘 우리 목회자들도 사람들이 좋아하는 매력적인 성격을 가지고, 말을 기가 막히게 잘하는 설교자가 되고, 더욱 능력 있는 목사가 되기를 꿈꾸고 있는지 모릅니다. 그렇게 우리가 하나님을 위해 위대한 일을 할 수 있다고 상상합니다. 우리는 탁월한 사역자가 되거나 최소한 존경받는 사람이 되고 싶어합니다! 그러나 우리가 진정으로 그리스도를 따르는 사람이 되려면 우리는 부끄러운 연약함으로 덮여있어야 합니다. 도움이 절실히 필요한 사람처럼 보일 수도 있습니다. 그러나 우리가 그렇게 연약해질 때 하나님의 능력이 나타납니다. 바울은 연약하고 보잘것없는 사람이었지만 하나님은 그를 사용하셨습니다. 하나님의 능력을 아는 목회자들은 자신의 연약함을 자랑할 수 있습니다. 그들이 자신의 능력으로는 사람들을 회심시키거나, 삶을 변화시키거나, 교회를 세우는 능력이 없다는 것을 기꺼이 인정할 수 있습니다. 목회자뿐 아니라 하나님의 모든 백성들이 자신의 연약함을 인정할 때, 비로소 하나님을 진정으로 신뢰할 수 있게 됩니다.

바울이 가시를 제거해달라고 기도했을 때 그리스도께서 바울에게 하신 말씀을 기억하길 바랍니다. 바울의 가시는 분명 그의 사역을 방해했지만, 그리스도께서는 가시를 제거하는 대신 "내 은혜가 네게 족하도다 이는 내 능력이 약한 데서 온전하여 짐이라!"라고 말씀하십니다(고후 12:9). 주님은 우리에게 그분의 은혜를 의지하라고 말씀합니다. 모든 연약한 목회자의 힘은 바로 여기에 있습니다. 우리가 능력과 가능성에 집중하지 않고, 우리가 아무것도 스스로 할 수 없다는 것을 인정할 때, 하나님은 새롭고 놀라운 방법으로 그분의 은혜를 보여 주십니다. 그러면 자신의 연약함 속에서 고통받던 목회자들도 바울처럼 "내가 약한 그 때에 강함이라"(10절)고 말할 수 있을 것입니다.

제8장

목표가 있는 목회

사랑하는 자들아 이 모든 것은
너희의 덕을 세우기 위함이니라
(고후 12:19)

●

아마도 모든 목회자는 목표를 잃어버렸다는 생각을 한 적이 있을 것입니다. 그런 날에는 '이 모든 것이 다 무엇 때문일까?', '이게 다 무슨 소용인가?', '수고한 것에 비해서 열매는 너무 적다'고 생각할지도 모릅니다. 하나님의 포도밭에서 수개월 동안 수고했음에도 열매가 거의 없는 것처럼 보일 수도 있습니다. 목회에서 목표가 사라지면 여러 가지 현상들이 나타나는데 그 중 하나는 아주 소박한 목표만 갖는 것입니다. 예를 들어서 목사가 그저 한 주를 잘 마치는 것을 목표로 삼거나, 다음 휴가까지 3개월만 버티는 것이 목표가 될 수 있습니다. 또는 목회가 사람들이 더 나은 결혼 생활을 할 수 있도록 돕고, 그들이 더 좋은 결정을 하도록 도우며, 열심히 성경을 공부하도록 권면하는 것이 전부인 것처럼 느낄 수도 있습니다. 그러니 설교와 목회를 좀 더 깊이 파헤치면 그 아래에는 더 크고 아름다운 목표가 있음을 알게 됩니다. 목회자들은 그분의 백성들이 그리스도의 영광스러운 승리의 재림을 준비하도록 돕는 자들입니다. 고린도후서에서 바울은 이 원대한 목표와 비전이 어떻게 목회사역에 동기를 부여하는지 가르칩니다.

목표가 이끄는 목회

고린도후서를 보면 바울은 분명한 목표를 가지고 사역을 하였습니다. 그리고 이 목표 때문에 반대자들이 있는 어려운 교회에서 사역할 수 있었습니다. 바울은 고린도 교인들을 위해 계속 사역하기를 갈망하였습니다. 바울은 그들의 관계가 더 악화되지 않고 다시 회복될 수 있기를 꿈꾸었습니다. 바울과 고린도 교인들의 관계가 굳건하고 건강할 때 고린도 교인들을 향한 바울의 목표는 전진할 수 있을 것입니다.

이전 장에서 우리는 바울이 고린도 교인들에게 자신의 사역을 설명하는 것을 살펴보았습니다. 고린도 교인들이 바울의 목회사역을 이해하였다면, 바울의 목회 비전에 공감하고 바울의 목회사역에 최선의 노력으로 협력하였을 것입니다. 바울은 고린도 교인들이 순종하고(고후 10:6), 그들의 믿음이 성장하며(고후 10:15), 참된 믿음을 지키고(고후 13:5-6), 주님의 날에 온전케 되기를 소망하였습니다(고후 13:9). 바울의 이러한 목회적 목표를 하나님과 화해, 영적 성장, 최종 완성이라는 세 가지 주제로 살펴보겠습니다.

목표1: 하나님과 화해

 바울은 하나님과 그리스도의 긴급한 요청을 가지고 고린도에 왔습니다. 앞서 우리는 바울이 가지고 있었던 대사로서 목회적 정체성에 대해 살펴보았습니다. 이번에는 대사로서 전하는 그의 메시지를 좀 더 살펴볼 것입니다. 새 언약의 사역(고후 3-6장)에 대해 설명하면서 사도 바울은 고린도 교인들에게 이렇게 호소합니다. "그리스도를 대신하여 간청하노니 너희는 하나님과 화목하라"(고후 5:20) 바울은 하늘의 왕을 대신하여 말씀을 전한다는 확신으로 그리스도의 말씀을 교인들에게 전하였습니다. 그는 하나님께서 그리스도를 통해 이루신 근본적인 화해, 즉 그리스도의 십자가 죽음을 통하여 어떻게 죄인들이 창조주와 교제를 회복할 수 있는지 외쳤습니다. 이런 메시지를 전하는 대사를 거부하는 것은 그를 보내신 분을 거부하는 것입니다. 만약 바울이 전하는 복음이 참이라면 고린도 교인들은 그를 기꺼이 영접해야 합니다. 바울을 영접하여 그가 전하는 복음을 듣는 것이 그들에게 영적으로 유익할 것입니다.

 이어서 바울은 계속하여 그들에게 호소합니다. "우리가 하나님과 함께 일하는 자로서 너희를 권하노니 하나님의 은혜를 헛되이 받지 말라"(고후 6:1) 그는 고린도 교인들이 하나님과 온전히 화해하기를 바랐습니다. 그러나 고린도 교인들 중 일부는 자신의 메시지를 "헛되이" 들을 수도 있다는 것을 알고 있었습니다. 또한, 바울은 반대자들이 전하는 "다른 복음"(고후 11:4)을 들으려는 회중들도 있음을 알고 있었기에 더욱 간절하게 호소하였습니다. 바울은 고린도 교회가 십자가의 메시지로 완전히 변화될 수 있기를 소망하였습니다. 그러나 고린도후서 6:1에 나오는 그의 호소는 고린도 교회가 그 목표에 이르기에 아직도 한참 멀었다는 것을 암시합니다. 그래서 바울은 그들에게 "너희는 믿음 안에 있는가 너희 자신을 시험하고 너희 자신을 확증하라"(고후 13:5)고 호소합니다. 바울은 고린도 교인들에게 그리스도를 향한 순수하고 진실한 믿음을 가지고 있는지, 반대자들의 잘못된 영향을 받지는 않았는지 생각해 보라고 촉구합니다.

하나님과의 화해는 바울이 고린도 교회를 위해 세운 근본적인 목표 중 하나이며, 어쩌면 그가 가진 가장 중요한 목표이기도 합니다. 목회자로서 그의 사역의 본질적인 목적은 회개한 죄인들을 예수 그리스도 안에서 하나님의 사랑과 연결시키는 것입니다. 실제로 바울은 고린도 교인들이 자신이 전한 믿음에 머물지 않는다면 그리스도의 종으로 자신이 실패한 것이라고 판단합니다(고후 13:6). 고린도 교회를 향한 사도 바울의 목표는 하나님과 죄인 사이의 관계 회복이 믿음 안에서 분명하게 드러나는 것입니다. "그리스도의 사랑이 우리를 강권하시는도다 우리가 생각하건대 한 사람이 모든 사람을 대신하여 죽었은즉 모든 사람이 죽은 것이라 그가 모든 사람을 대신하여 죽으심은 살아 있는 자들로 하여금 다시는 그들 자신을 위하여 살지 않고 오직 그들을 대신하여 죽었다가 다시 살아나신 이를 위하여 살게 하려 함이라"(고후 5:14-15) 바울은 모든 고린도 교인들이 자신이 전한 그리스도의 복음을 알고, 계속하여 그분을 알아갈 수 있기를 원했습니다.

　이 목표는 그리스도의 복음을 전하는 모든 목회자들의 가장 중요한 목표입니다. 참된 복음을 전하고 가르치면서 죄인들이 하나님과 화해하도록 촉구하는 것은 목회사역에서 영원한 의미가 있는 목표입니다. 목회자의 임무는 이 땅의 사회 사업이나 그리 중요하지 않은 관계, 대화 등에 몰두하는 것이 아닙니다. 하나님은 자신의 형상을 지닌 모든 사람이 자신과 화해하기를 원하십니다. 그러므로 목회자는 하나님 자신이 영원히 관심을 갖고 계신 그 일에 헌신해야 합니다. 목회자가 삼위일체 하나님께서 죄인들과 화목하고, 회복된 교제를 원하신다는 사실을 안다면 그가 할 수 있는 모든 목회적 수단을 동원하여 사람들을 그리스도께로 인도하는 데 전념할 것입니다.

　아래에서 살펴보겠지만, 이러한 목회적 긴장감은 그리스도의 재림에 대한 인식에서 비롯됩니다. 언젠가 예수님은 산 자와 죽은 자를 심판하기 위해 영광과 권능을 가지고 이 세상에 다시 오실 것입니다. 그리고 모든 사람들은 그들이 가진 믿음에 따라서 심판을 받게 될 것입니다. 우리는 이 복음을 듣고 어떻게 응답해야 하겠습니까? 목회자와 회중 모두 복음의 핵심 메시지를 간과해서는 안 됩니다. 하나님께서는 그리스도의 단 한 번의 희생을 참된 믿음으로 받아들이는 모든 사람에게 은혜로 죄 사함과 영생을 허락하셨습니다. 구원의 믿음은 오직 그리스도의 말씀을 통해서만 시작되기 때문에 (롬 10:17), 이 그리스도의 복음을 전하는 것이 모든 목회사역의 시작입니다. 그래서 바울은 "내가 너희 중에서 예수 그리스도와 그가 십자가에 못 박히신 것 외에는 아무 것도 알지 아니하기로 작정하였음이라"(고전 2:2)고 외칩니다. 목회자는 죄인의 구원과 하나님의 영광을 위하여 그리스도의 참된 복음을 전파하고 가르치는 데 온전히 전념해야 합니다.

목표2: 영적 성장

바울은 고린도 교인들 사이에서 자신의 목회사역을 적극적으로 변호하였고, 자신의 사역이 모범적이라고 말합니다. 그럼에도 불구하고 바울의 목적은 자기 자신을 높이는 것이 아니라 신자들을 믿음으로 세우는 것이었습니다. 바울은 이 편지의 결론에서 자신의 이러한 핵심 목표를 재확인합니다. "너희는 이때까지 우리가 자기 변명을 하는 줄로 생각하는구나 우리는 그리스도 안에서 하나님 앞에 말하노라 사랑하는 자들아 이 모든 것은 너희의 덕을 세우기 위함이니라"(고후 12:19) 즉, 바울은 문자 그대로 "너희를 세우기 위해서" 사역하였습니다. 고린도후서 13:10에서도 같은 단어를 사용하여 주님께서 "너희를 세우려" 자신에게 권한을 주셨다고 말합니다(참조: 고후 10:8). 바울은 교회의 영적 성장이 전적으로 하나님께 달려 있음을 알고 있었습니다. 그럼에도 불구하고 그는 다른 참된 목회자들과 마찬가지로 "하나님과 함께 일하는 자"(고후 6:1)로서 신자들을 세워야 할 책임을 가지고 있었습니다.

고린도후서에는 고린도전서와 마찬가지로 건축과 관련된 용어들이 많이 나옵니다. 고린도전서에서 바울은 자신이 이 건축에 참여하였다고 말하였습니다. "내게 주신 하나님의 은혜를 따라 내가 지혜로운 건축자와 같이 터를 닦아 두매 다른 이가 그 위에 세우나 그러나 각각 어떻게 그 위에 세울까를 조심할지니라"(고전 3:10) 그러면서 이어지는 구절에서 바울은 이 건축 이미지를 발전시켜 영적 건축에 참여하는 모든 사람이 하나님 앞에서 직접 책임을 져야 한다고 강조합니다. "이 닦아 둔 것 외에 능히 다른 터를 닦아 둘 자가 없으니 이 터는 곧 예수 그리스도라 만일 누구든지 금이나 은이나 보석이나 나무나 풀이나 짚으로 이 터 위에 세우면 각 사람의 공적이 나타날 터인데 그날이 공적을 밝히리니 이는 불로 나타내고 그 불이 각 사람의 공적이 어떠한 것을 시험할 것임이라 만일 누구든지 그 위에 세운 공적이 그대로 있으면 상을 받고 누구든지 그 공적이 불타면 해를 받으리니 그러나 자신은 구원을 받되 불 가운데서 받은 것 같으리라"(고전 3:11-15)

10절에 나오는 "건축자"는 그리스·로마 세계에서 높은 지위에 있는 건축가를 의미합니다. 그는 건물의 전반적인 설계, 부지 준비, 인력, 착공부터 완공까지 모든 책임을 맡았습니다. 마스터 건축가에게 기초를 놓는 일은 건물을 세우는 데 있어서 항상 가장 중요한 단계였습니다. 따라서 처음부터 설계대로 제대로 진행이 되지 않으면 문제가 드러날 수밖에 없었습니다. 같은 정신으로 바울은 목회에 있어서 인간적인 기준, 사회적인 기준이 아니라 하나님의 사역에 대한 바른 설계도를 가지고 있는 것이 중요하다고 생각하였습니다. 그래서 그는 예수 그리스도라는 올바른 기초를 놓을 것이며, 그 이후의 교회 건축을 오직 그리스도의 말씀에 따라 신중하게 진행할 것입니다. 그리고 교회의 건축자로서 바울은 자신의 프로젝트에 대한 명확한 목표를 가지고 있었습니다. 그는 그리스도인 개개인의 영적 성장뿐 아니라 전체 회중을 세우는 것을 추구하였습니다. 하나님의 은혜로 고린도에서 그러한 프로젝트가 성취될 수 있다면 바울의 목표가 이루어질 것입니다. 이를 위하여 바울은 교인들의 영적 성장에 특별히 더욱 집중했습니다.

바울은 고린도 교인들을 위해서 기꺼이 고난과 죽음도 감수할 수 있을 정도로 그들을 사랑하였습니다(고후 7:3). 그러나 그들의 문제와 불완전함을 간과하지도 않았습니다. 바울의 핵심 목표 중 하나는 고린도 교인들의 가치관을 바꾸는 일이었습니다. 우리는 앞서 고린도 교회가 당시의 사회 문화로부터 얼마나 나쁜 영향을 받았는지 살펴봤습니다. 또한 우리는 바울이 교회의 유익을 위해 자기 희생적인 섬김의 삶을 살아가는 십자가형 사역 모델을 살펴보았습니다. 목회자로서 그는 그리스도의 능력에 의존하며 자신의 능력에 의존하는 것을 거부합니다. 그는 고린도 교인들이 "영광에서 영광에"(고후 3:18) 이르러 그리스도의 형상을 닮아 변화될 수 있기를 소망하였습니다. 그리스도를 닮는 변화는 가난한 사람들을 돕기 위한 풍성한 헌금(고후 8:1-12), 지속적인 믿음의 성장(고후 10:15), 하나님께 대한 온전한 순종(고후 10:6)으로 드러날 것입니다.

헌금의 성장

바울은 회중이 "모든 일에 풍성"(고후 8:7)할 수 있도록 목회적 노력을 계속합니다. 그런데 이는 고린도 교회 성도들만의 유익이 아니라, 다른 교회들도 함께 유익하게 하기 위한 노력이었습니다. 예를 들어, 바울은 고린도 교회가 기근에 시달리는 유대 교회를 지원하는 데 아낌없이 헌신할 수 있기를 원하였습니다. "오직 너희는 믿음과 말과 지식과 모든 간절함과 우리를 사랑하는 이 모든 일에 풍성한 것 같이 이 은혜에도 풍성하게 할지니라"(고후 8:7) 이처럼 아낌없는 풍성한 헌금은 하나님의 변화시키는 은혜가 그들 가운데 역사하고 있다는 확실한 증거가 될 것입니다.

믿음의 성장

바울은 고린도 교인들의 영적 성장을 위하여 또 다른 목표를 가지고 있었습니다. 지중해에 위치한 고린도는 로마 제국의 다른 지역으로 복음을 전파할 수 있는 이상적인 장소였습니다. 바울은 고린도후서 10:15-16에 "우리는 남의 수고를 가지고 분수 이상의 자랑을 하는 것이 아니라 오직 너희 믿음이 자랄수록 우리의 규범을 따라 너희 가운데서 더욱 풍성하여지기를 바라노라 이는 남의 규범으로 이루어 놓은 것으로 자랑하지 아니하고 너희 지역을 넘어 복음을 전하려 함이라"고 말했습니다. 바울은 교인들의 믿음이 견고해질 때 고린도에서 새로운 지역으로 선교를 확장할 수 있는 기회를 얻기를 갈망하였습니다. 그는 고린도후서 4:15에서 하나님의 은혜의 확장에 대해 "이는 모든 것이 너희를 위함이니 많은 사람의 감사로 말미암아 은혜가 더하여 넘쳐서 하나님께 영광을 돌리게 하려 함이라"고 말합니다. 그는 고린도 교인들의 간증과 모범을 통해 더 많은 사람들이 그리스도 안에 있는 하나님의 은혜를 알게 되기를 원합니다. 그러나 이러한 사역의 확장은 교회가 신실하게 하나님을 섬기고, 목회자와 온전한 관계를 유지할 때 가능할 것입니다.

순종의 성장

그리스도의 형상을 닮아가는 변화는 하나님에 대한 그들의 온전한 순종으로 분명하게 드러납니다(고후 10:6). 바울은 성도들이 거룩함, 사랑, 지식, 겸손한 섬김으로 예수님을 더욱 닮아 가기를 원했습니다. 이러한 성장은 그리스도 안에서 하나님의 은혜에 대한 감사와 경외심으로 이어져야 합니다. 그래서 바울은 "그런즉 사랑하는 자들아 이 약속을 가진 우리는 하나님을 두려워하는 가운데서 거룩함을 온전히 이루어 육과 영의 온갖 더러운 것에서 자신을 깨끗하게 하자"(7:1)고 권면합니다. 그는 고린도 교인들이 그리스도의 구원의 약속을 듣고 기억함으로써 그리스도에 대한 더 온전한 순종으로 나아갈 수 있기를 소망하였습니다.

오늘날 목회자들도 교인들이 그리스도를 닮아가는 성장을 가장 중요한 목표로 삼아야 합니다. 목회자라면 누구나 교회에서 많은 부분이 개선되어야 하고, 성도들의 삶이 다양한 면에서 성장해야 한다는 점을 알고 있습니다. 예를 들어, 성도들에게 안일함과 세속적인 모습이 없나요? 이웃 사랑이 부족하지는 않나요? 아니면 세례나 대속의 속죄라는 소중한 진리를 잊어버리지는 않았나요? 공동체 예배가 공허한 전통이 되어있거나 개인 기도가 의미 없는 의식이 되어있지는 않나요? 목회자가 신경 써야 할 것은 정말 많습니다. 그리고 목회자는 그렇게 해야 합니다.

그러나 목회자는 교회가 삼위일체 하나님의 놀라운 건축 프로젝트라는 사실을 깨달아야 합니다. 하나님은 많은 결점을 가진 죄인들을 그리스도를 통해 회복시키셨습니다. 하나님은 죄인을 성도로 바꾸고 한때 죽었던 백성에게 새로운 생명을 주셨습니다. 우리 목회자들은 교회에서 남녀노소 누구에게나 이 영광스러운 변화가 일어나는 것을 직접 보는 특권을 누리고 있습니다. 교회 안에는 열정, 헌신, 성도들의 친밀한 교제, 관대함, 믿음이 있습니다. 목회자들은 성도들의 변화를 바라보면서 교회가 성화의 중심에 있음을 기억하게 됩니다. 하나님께서는 당신의 백성이 더욱 깊이 성경을 깨닫고, 세상 속에서 담대하게 믿음으로 살아가며, 더욱 거룩해지고, 더욱 깊이 사랑하기를 원하십니다. 그래서 '영광에서 영광으로'의 변화는 계속해서 진행중이며, 항상 전진할 것입니다.

건축에 종사하는 사람이라면 건설 프로젝트가 오랜 시간을 거쳐 완공된다는 사실을 알 것입니다. 예상치 못한 장애물과 지연으로 인해 완공이 연기되는 경우가 종종 있습니다. 교회도 마찬가지입니다. 우리의 죄로 인하여서 방해를 받고, 분열이나 무지, 미성숙으로 인하여서 방해를 받으면서 교회가 세워지는 데 오랜 시간이 걸리기도 합니다. 교회 지도자의 어리석은 실수나 세상의 핍박, 마귀의 유혹으로 인해 성장이 지연될 수도 있습니다. 그런데 이때 그리스도께서 목회자에게 은혜를 베푸십니다. 교회가 지치고 좌절할 때, 목회자는 우리에게 은혜를 베푸시는 그리스도의 말씀으로 교인들을 격려해야 합니다. 목회자는 아무리 오랜 시간이 걸리더라도 교회의 유일한 기초가 되시는 예수 그리스도를 붙들고 담대하게 계속하여 노력해야 합니다.

모든 교회는 언젠가 완벽하게 완성될 작품입니다. 이 땅의 교회는 '공사중'이라는 입간판을 붙이고 건설 중에 있는 건축현장과 비슷합니다. 여러 건축자재들과 콘크리트 블록들이 어지럽게 쌓여 있는 모습을 보면서 과연 이게 무슨 건물인가 싶을 수도 있습니다. 하지만 시간이 지나면 완공된 아름다운 건물을 볼 수 있을 것입니다. 현재 "공사중"인 교회의 완공 예정일은 언제일까요? 바로 그리스도의 재림의 날입니다! 목회자들은 자기 자신과 교회가 완공될 그날까지 영적 성장이 계속되어야 한다는 것을 기억해야 합니다. 지금 그리스도께서는 이 목표를 위하여 우리 가운데서 일하고 계시며 교회를 반드시 완공시키겠다고 약속하셨습니다.

목표3: 최종완성

바울이 고린도후서를 쓴 직접적인 이유는 회중과 자신의 관계를 회복하는 것이었지만, 그의 궁극적인 목표는 이를 훨씬 넘어서는 것이었습니다. 그는 그리스도께서 재림하실 때 그들이 온전케 되기를 원했습니다. 바울은 이미 고린도전서에서 이러한 소원을 언급하면서, "주께서 너희를 우리 주 예수 그리스도의 날에 책망할 것이 없는 자로 끝까지 견고하게 하시리라"(고전 1:8)고 축복하였습니다. 그의 종말론적 비전은 고린도후서 1:13-14에 잘 드러나는데, 그는 "너희가 완전히 알기를 내가 바라는 것은 너희가 우리를 부분적으로 알았으나 우리 주 예수의 날에는 너희가 우리의 자랑이 되고 우리가 너희의 자랑이 되는 그것이라"고 단언합니다. 그는 모든 사람이 그들의 믿음에 대하여 심판을 받게 될 날을 이야기합니다. 바울은 고린도 교회 안에 있는 수많은 문제에도 불구하고, 마침내 그날에는 그가 고린도 교인들을 자랑하며 그들의 진실한 믿음을 드러낼 것이라고 확신합니다.

이 위대한 목표를 바라보면서 바울은 계속해서 고린도 교인들을 목회하였습니다. 이 목표는 그들을 위한 바울의 기도이기도 합니다. "이것을 위하여 구하니 곧 너희가 온전하게 되는 것이라"(고후 13:9) 앞서 언급했듯이 바울은 교인들을 위해 구체적으로 하나님께 기도합니다. 빌립보 교인들을 위해 사랑과 분별력이 더 커지기를 기도하였습니다(빌 1:9). 에베소 교인들에게는 지식의 성장을 위해 기도하였습니다(엡 1:17-18). 그리고 고린도 교인들을 위해서는 그들의 온전함을 위하여 기도하였습니다. "온전함"을 뜻하는 헬라어는 "적합한 상태에 놓다", "회복하다", 심지어 "완전하게 하다"로 번역될 수 있습니다. 바울은 그들이 진정한 신앙의 성숙에 도달하여 그리스도의 재림을 온전히 준비할 수 있기를 갈망합니다. 그는 고린도후서 11:2에서 "내가 하나님의 열심으로 너희를 위하여 열심을 내노니 내가 너희를 정결한 처녀로 한 남편인 그리스도께 드리려고 중매함이로다"고 말합니다. 이전 장에서 우리는 이것을 아버지의 마음으로 그들을 돌보는 바울의 목회로 보았습니다. 바울은 딸의 순결을 보호하는 아버지의 애정을 담아 고린도 교회가 그리스도와 정결하게 연합하는 것을 보고 싶어 합니다. 그리스도와 이 최종적인 연합은 바울의 현재의 목회사역을 진정으로 의미 있게 만드는 목표입니다.

바울에게 최종적인 완성은 고린도 교인만을 위한 목표가 아니었습니다. 바울은 빌립보 교인들에게도 "너희 안에서 착한 일을 시작하신 이가 그리스도 예수의 날까지 이루실 줄을 우리는 확신하노라"(빌 1:6)고 썼습니다. 또한, 골로새 교인들에게도 "각 사람을 그리스도 안에서 완전한 자로 세우려"(골 1:28) 권하고 가르치는 사역을 한다고 말합니다. 바울은 현재 너머에 있는 아름다운 영원의 실재를 알고 있었기 때문에 모든 사역의 고난을 견딜 수 있었습니다. 사실 현재의 고난은 다가올 영광에 비하면 아무것도 아닙니다. 당시 바울은 많은 비난 속에서 어려운 사역을 하고 있었지만, 그는 자신과 교회의 영광스러운 미래를 확신했습니다. "우리가 잠시 받는 환난의 경한 것이 지극히 크고 영원한 영광의 중한 것을 우리에게 이루게 함이니"(고후 4:17) 그리스도의 복음과 그 분의 왕국의 본질적인 영광의 빛을 알고 있었기에 바울은 확실한 소망 가운데 사역할 수 있었습니다. 그리고 바울이 바라보는 영광은 아주 멀리 있는 목적지가 아니라 날마다 가까워지고 있는 곳에 있었습니다(참조: 고전 10:11, 고후 6:2). 그래서 바울은 자신의 사역 속에 있는 고난을 피하기보다, 그것이 마지막 날에 드러날 하나님의 영광스러운 계획을 위한 필수요소로 받아들였습니다.

바울은 고린도 교인들에 대한 깊은 사랑으로 그들의 온전한 구원을 갈망합니다. 실제로 바울은 현재 고린도 교인과 관계가 영원토록 지속되기를 희망합니다. 4장에서 바울은 "주 예수를 다시 살리신 이가 예수와 함께 우리도 다시 살리사 너희와 함께 그 앞에 서게 하실 줄을 아노라"(고후 4:14)고 말합니다. 그는 부활 이후에 하나님과 그리스도 앞에서 고린도 교인들과 더 이상 아픔이 없이, 더 말할 수 없는 행복을 누리게 될 날을 고대하였습니다. 이 소망은 바울이 다른 서신에서 기록한 그리스도의 날에 "그의" 성도들을 보고 싶다는 갈망에 비견할 수 있습니다. 그는 데살로니가 교회를 향해 "우리의 소망이나 기쁨이나 자랑의 면류관이 무엇이냐 그가 강림하실 때 우리 주 예수 앞에 너희가 아니냐 너희는 우리의 영광이요 기쁨이니라"(살전 2:19-20) 목회자와 교인들은 영원한 운명으로 밀접하게 얽혀 있습니다.

목회자는 그리스도의 재림을 위해 성도들을 준비하는 바울의 목표를 배워야 합니다. 이 목표는 바울이 고린도 교회를 목회하고 설교할 때 그의 사역을 더욱 긴박하게 했습니다. 그리스도인들은 늘 최후의 심판을 기다리고 있으며, 그날은 바울 시대보다 지금 더욱 가깝기 때문에 목회사역은 더욱더 그리스도의 날을 바라보며 긴박해야 합니다. 목회자는 설교와 가르침, 상담 등 모든 목회사역에서 종말론적 긴장을 유지하며 교인들이 그리스도를 통해 하나님과 화해하도록 촉구해야 합니다. 목회자는 주기적으로 과연 "매주 주일마다 적절한 긴박감을 가지고 설교하는지" 점검해야 합니다. "설교와 심방을 통해 사람들이 그들의 창조주를 만날 준비를 하고, 구세주와 심판자 앞에 나타날 준비를 하고 있는지" 긴밀하게 살펴야 합니다.

 그러나 종말에 대한 소망은 목회자로 하여금 즉각적인 변화를 추구하거나, 지금 당장 완벽한 결론에 이르는 것을 꿈꾸지 않게 합니다. 인생은 늘 어지럽게 망가질 수 있으며, 그리스도께서 다시 오시기 전에는 모든 것이 완전하게 정리되고 바로잡히지는 않을 것입니다. 이는 목회자가 영적 진보나 성장에 대한 소망을 버려야 한다는 의미는 아닙니다. 다만, 목회자는 하나님의 긴 지평을 기억해야 합니다. 무엇보다 목회자는 교인들에게 그리스도의 은혜로운 선물인 영원한 생명을 보여주어야 합니다. 이 사역에 오랜 시간이 걸리고 엄청난 노력이 필요할 수도 있지만, 그리스도 안에서 주신 하나님이 약속은 확실합니다. "하나님의 약속은 얼마든지 그리스도 안에서 예가 되니 그런즉 그로 말미암아 우리가 아멘 하여 하나님께 영광을 돌리게 되느니라"(고후 1:20) 목회자는 그리스도를 통해 항상 확실한 소망과 분명한 목적을 가지고 일할 수 있습니다.

작별 인사

　바울을 향한 고린도 교인들의 비난과 외면, 또한 그들의 영적인 문제를 고려하면 바울이 이 편지의 마지막 결론에 경고와 비판을 넣을 것이라고 예상할 수도 있습니다. 그러나 바울은 도리어 고린도 교회가 강하다고 격려합니다. "우리가 약할 때에 너희가 강한 것을 기뻐하고"(고후13:9) 분열되고, 불순종하며, 고통을 가져다주는 고린도 교인들을 바울은 "강하다"라고 묘사하는 것은 놀랍습니다. 그러나 이는 바울이 바라보는 관점이 다르기 때문입니다. 바울이 고린도 교인들을 "강하다"고 말하는 의미는 그들이 열심히 일하거나 그들이 고귀한 성품을 가지고 있기 때문이 아닙니다. 그들은 어떻게 주 안에서 강할 수 있었을까요?

　바울도 그러하였듯이, 고린도 교인들도 겉으로 보기에는 연약한 사람들이었습니다. 그들은 그리스도인으로서 결코 상을 받을 수 없는 사람들입니다. 바울은 고린도에서 "다툼과 시기와 분냄과 당 짓는 것과 비방과 수군거림과 거만함과 혼란이 있을까"(고후 12:20) 여전히 두려웠다고 말합니다. 이것이 바로 고린도 교회의 아픈 현실이며, 오늘날의 교회도 마찬가지입니다. 그러나 바울은 그들의 모든 불완전함과 죄에도 불구하고 이 교회가 그리스도의 신부로 남아 있음을 감사하고, 그리스도의 신부로서 조금씩 나아지고 있음을 감사하였습니다. 문제가 많은 고린노 교인들조사 하나님 앞에서는 거룩하고 사랑받는 그분의 백성이었습니다. 그리스도 안에서는 약함도 강함이 됩니다.

　목회자로서 바울은 스스로를 영원을 향한 길고 험난한 여정에 있는 하나님의 자녀라고 생각하였습니다. 이 편지 전체에 걸쳐서 바울은 그리스도 안에서 자신도 계속해서 성숙해지고 있음을 말합니다. 사도든, 목회자든 회중이든 모든 신자는 계속해서 조금씩 영광의 길을 향해 걸어가고 있습니다. 그는 작별 인사에서 다시 한번 그의 약함을 기억합니다. "우리가 약할 때 우리는 기뻐합니다"(고후 13:9) 연약하고 깨어진 삶은 그리스도 앞에서 완전함을 향한 여정이 계속되고 있다는 증거입니다. 앞서 바울은 자신의 삶의 목표를 고린도 교인들에게 다음과 같이 가르쳤습니다. "그런즉 우리는 몸으로 있든지 떠나든지 주를 기쁘시게 하는 자가 되기를 힘쓰노라 이는 우리가 다 반드시 그리스도의 심판대 앞에 나타나게 되어 각각 선악간에 그 몸으로 행한 것을 따라 받으려 함이라"(고후 5:9-10) 바로 이 목표를 가지고 연약한 목회자는 그리스도를 위해 겸손한 마음으로 목회사역을 계속할 것입니다.

끝맺는 말

1세기에서 오늘로 여행

우리가 무슨 일이든지 우리에게서 난 것 같이
스스로 만족할 것이 아니니 우리의 만족은 오직
하나님으로부터 나느니라 그가 또한 우리를
새 언약의 일꾼 되기에 만족하게 하셨으니
율법 조문으로 하지 아니하고 오직 영으로 함이니
율법 조문은 죽이는 것이요 영은 살리는 것이니라
(고후 3:5-6)

●

　　　　　　　　　옛날 가수나 배우에 대하여 사람들은 그
들이 지금 어디에서, 무엇을 하는지 궁금해합니다. 바울과 고린도
교회와 관계에 대한 이 책의 마지막 장에서 우리는 다시 1세기의 고
린도로 돌아가서 생각해봅니다. 고린도후서가 기록되고, 그들에게
읽힌 후, 바울이 사랑하며 목회적 돌봄의 대상이었던 이 교회에는
무슨 일이 일어났을까요? 바울의 간곡하고 애정 어린, 때로는 날카
롭고 역설적인 이 편지는 그들에게 어떻게 받아들여졌을까요?

　이것은 바울의 고린도후서 결론에 나오는 질문입니다. 바울의 말
을 들어보면 고린도 교회에서 바울의 목회사역은 여전히 미완성으
로 남아있었습니다. 그럼에도 불구하고 다른 바울 서신들을 통하
여 우리는 이후 고린도에서 바울의 목회에 긍정적인 열매가 있었음
을 알 수 있습니다. 바울은 로마인들에게 편지를 쓸 때 고린도 도시

를 포함한 동부 지중해에서 사역을 다 마쳤다고 말합니다. 그러면서 스페인과 같은 새로운 지역으로 나아가기를 소망하였습니다(롬 15:23-24). 이어서 그는 고린도 도시가 있었던 아가야 지방의 사람들이 예루살렘 교회를 위한 헌금(롬 15:26)에 동참하였음을 감사합니다. 이는 바울이 열심히 고린도 교회에 권고한 사역의 열매였습니다. 이러한 열매들은 고린도 교인들과 사도 바울 사이에 긴장이 어느 정도 해소되고, 사도 바울의 훈계와 권면의 말에 그들이 순종했음을 시사합니다. 또한 고린도 교인들 중 일부는 분명히 사도 바울에게 지속적으로 호의를 베풀었습니다. 바울이 로마인들에게 편지를 쓰고 있었던 기원후 56-57년에 그는 고린도에 있는 가이오의 집에서 겨울 삼 개월을 보냈습니다(롬 16:23, 참조. 고전 1:14). 바울이 고린도에서 많은 고난을 겪었지만, 그곳은 여전히 바울을 환영하는 곳이었습니다. 고린도 교회를 향한 바울의 구체적인 목표들 가운데 몇 가지는 달성한 것으로 보입니다. 그의 성실한 가르침과 애정 어린 호소가 고린도 교회에서 어느 정도 열매를 맺었습니다.

하지만 신약성경의 지평선 너머에 있는 고린도 교회의 역사는 어떨까요? 초대 교회의 역사를 살펴보면 고린도 교회의 내부 투쟁은 계속 지속되었던 것 같습니다. 바울이 고린도후서를 보낸 후 그 말씀에 대한 고린도 교회의 순종은 오래가지 못한 것 같습니다. 서기 1세기 후반에 교부 클레멘트가 고린도 교인들에게 쓴 책망의 편지가 있습니다. 클레멘트는 로마 교회의 감독으로 바울이 세운 교회들을 감독하는 일을 맡았던 것으로 보입니다. 고린도 교인들에게 보낸 클레멘트 서신의 어조와 내용을 보면 교회가 다시 분열하여 영적 지도자들에 대한 반란이 있었음을 알 수 있습니다. 이런 이유로 클레멘트는 고린도 교인들을 질책했습니다. 심지어 놀랍게도 그는 사도 바울이 그들에게 보낸 편지를 다시 읽으라고 권면합니다. 다음은 변덕스러운 고린도 교인들을 향한 클레멘트의 책망의 말입니다.

"사도 바울이 보낸 서신을 읽어보세요. 여러분에게 처음으로 복음이 전파되었을 때 사도 바울은 무엇을 가르쳤나요? 그는 진실로 성령의 영감을 받아 자신과 게바, 아볼로에 관하여 여러분에게 편지를 썼습니다. 그때도 여러분은 파당을 이루어서 분열되어 있었습니다… 그런데 지금 다시 교회를 어지럽히고, 교회 안에서 형제애를 무너뜨리는 사람이 누구인지 생각해보십시오! … 가장 견고하고 오래된 고린도 교회에서 한두 사람 때문에 당회가 어지러워지고, 교회를 선동한다는 말이 교회 내에 난무한 것이 수치스러운 일이고, 여러분의 신앙고백에 합당하지 않은 일입니다(클레멘트 47장, 니케아 교부전 1권, 1장)."

클레멘트의 이 훈계가 고린도 교회에서 어떻게 받아들여졌는지는 명확하게 드러나지 않았습니다. 클레멘트 시대 이후 고린도 교회는 역사 기록에서 사라집니다. 아마도 로마 제국이 쇠퇴하면서, 사도시대 이후에도 계속 존재했던 고린도 교회가 많은 어려움을 겪었을 것이라 추측할 뿐입니다.

목회사역의 현실

고린도 교회의 목회사역이 미완성으로 끝난 것을 보면서 우리는 교훈을 얻을 수 있습니다. 고린도후서를 읽으면서 우리가 그리스도인으로서 그리고 복음을 전하는 사역자로서 어떻게 목회를 해야 하는지 깊이 고민하게 됩니다.

고린도 교회의 역사를 보면 사도 바울도 자신의 한계에 직면했음을 알 수 있습니다. 그는 자신의 목회사역에 대하여 고민하면서 "누가 이 일을 감당하리요"라고 말합니다(고후 2:16). 사도 바울은 자신의 목회사역에 필요한 모든 능력을 하나님이 주신다고 확신하였습니다. 그런데, 1세기 고린도 교회의 상황을 보면서 우리는 오늘의 목회사역에도 동일하게 많은 고난과 한계가 있음을 알고 있습니다.

신학교 시절에 품었던 높은 이상과 목표는 타락한 이 세상과 여전히 죄가 남아있는 현실 교회라는 어려운 난관에 부딪힙니다. 이러한 실망스러운 상황 속에서 목회자의 개인적 역량과 인격에 대한 의문이 제기될 수 있습니다. 목회자가 교회를 이끌 수 있는 능력이 없는 것 같아서 자책할 수도 있습니다. 정직하게 스스로를 되돌아보면서 그는 설교, 교육, 상담 등 목회의 모든 영역에서 부족함을 느낄 것입니다. 다른 사람들을 더 잘 이해하고, 더 진심으로 공감하고, 더 의미 있는 관계를 맺는 능력도 부족할 수 있습니다.

참된 목회사역에 대한 바울의 설명을 들으면서 목회자의 부담은 더욱 무겁게 느껴집니다. 바울도 고린도 교인들과 긴장된 관계를 가지고 있음을 보면서 그 부담을 더 무겁게 느낍니다. 목회가 매우 힘든 일이라는 사실은 너무 명백합니다. 사역에서 다양한 고난과 여러 가지 스트레스로 인해 정신적, 감정적으로 지치지 않고 사역하는 것은 어렵습니다. 그것이 정당하든 아니든 비판을 받는 것도 매우 고통스럽습니다. 설교나 상담을 할 때 교인들이 듣고 싶어 하는 말 대신에 그들에게 필요한 말을 하는 것도 어렵습니다. 상대하기 껄끄러운 교인들에게 서슴없이 다가가는 것도 쉽지 않습니다. 물질의 문제나, 칭찬에 연연하지 않기도 어렵습니다. 이 땅에서 목회를 하면서 이 땅 너머의 영원한 목표를 바라보는 것도 쉽지 않습니다. 다른 사람을 위해 기꺼이 희생하고, 고난을 당하는 예수 그리스도를 닮는 것도 대단히 어려운 일입니다. 도움이 필요한 사람들과 함께하며 목회자의 삶과 사역을 통해 하나님의 능력이 그들에게 나타나도록 하는 것이 얼마나 어려운 일입니까!

목회자를 위한 희망

그러나 목회자는 고린도후서를 읽으면서 자신의 부족함을 깨닫는 동시에, 목회자 바울을 배우고, 그를 통하여서 예수 그리스도를 본받기를 더욱 소망하게 됩니다. 이 편지는 십자가에 못 박히시고 부활하신 그리스도의 대사가 되어 그분을 담대히 전하고 그분의 말씀을 성도들에게 전하는 것이 얼마나 큰 특권인지 깨닫게 합니다. 그리고 이를 통하여서 하나님은 모든 인간들의 약점보다 훨씬 더 크신 분이라는 격려를 받을 수 있습니다. 고린도후서 2:16에 나오는 바울의 질문인 "누가 이 일을 감당하리요?"는 3장에서 아름답고 자신감 있는 대답으로 바뀝니다. "우리가 무슨 일이든지 우리에게서 난 것 같이 스스로 만족할 것이 아니니 우리의 만족은 오직 하나님으로부터 나느니라 그가 또한 우리를 새 언약의 일꾼 되기에 만족하게 하셨으니"(고후 3:5-6) 하나님은 죄인들이 자신과 화해하기를 바라시면서 그리스도께서 이루신 구원의 메시지를 전파하고 가르치고 신자들의 삶에 적용하라고 명령하셨습니다. 그리고 하나님은 영원한 의미가 담긴 이 명령을 수행하기 위해 불완전한 인간 종들을 기쁨으로 사용하십니다.

   삼위일체 하나님의 화해의 뜻은 반드시 성취될 것이며, 그분이 연약한 종들을 통하여서 그 일을 이루실 것입니다. 하나님은 이 땅에서 그 일을 완수하기 위하여 필요한 모든 것을 연약한 종들에게 제공하실 것이라는 사실이 우리에게 큰 위안이 됩니다. 바울의 말을 다시 한번 인용하자면, "그러므로 내가 그리스도를 위하여 약한 것들과 능욕과 궁핍과 박해와 곤고를 기뻐하노니 이는 내가 약한 그 때에 강함이라"(고후 12:10) 우리 앞에 놓인 목회사역의 모든 도전을 감당할 수 있도록 그리스도께서 우리에게 지극히 풍성한 힘과 지속적인 기쁨을 주실 것입니다. 우리가 목회자 바울과 같은 지혜로운 스승에게 귀를 기울인다면 그리스도께서 우리에게 필요한 교훈과 격려를 주실 것입니다.

참고도서

고린도후서를 포함한 신약 성경을 통하여 목회사역에 대한 교훈을 주는 자료는 방대하게 많이 있습니다. 다음은 고린도후서에서 목회사역에 대한 저의 이해를 형성하는 데 특히 도움이 되었던 저서들입니다. 이러한 주제에 대해 더 깊이 연구하고자 하는 독자들에게 도움이 될 것입니다.

- Barnett, Paul. *The Second Epistle to the Corinthians*. New International Commentary on the New Testament. Grand Rapids: Eerdmans, 1997.
- Best, Ernest. *Paul and His Converts*. Edinburgh: T & T Clark, 1988.
- Bruce, F. F. *Paul and His Converts*. Downers Grove, Ill.: InterVarsity, 1985.
- Carson, Donald A. *The Cross and Christian Ministry: Leadership Lessons from 1 Corinthians*. Grand Rapids: Baker, 1993.
- ———. *From Triumphalism to Maturity: An Exposition of 2 Corinthians 10–13*. Grand Rapids: Baker, 1984.
- Chadwick, W. E. *The Pastoral Teaching of St. Paul*. Edinburgh: T & T Clark, 1907.
- Clarke, Andrew D. *Secular and Christian Leadership in Corinth*. Eugene, Ore.: Wipf & Stock, 2006.
- ———. *Serve the Community of the Church: Christians as Leaders and Ministers*. Grand Rapids: Eerdmans, 2000.
- Fee, Gordon D. *The First Epistle to the Corinthians*. New International

Commentary on the New Testament. Grand Rapids: Eerdmans, 1987.
- Furnish, Victor Paul. "Theology and Ministry in the Pauline Letters." In *A Biblical Basis for Ministry*, edited by Earl E. Shelp and Ronald Sunderland, 101–144. Philadelphia: Westminster, 1981.
- Garland, David E. *2 Corinthians*. New American Commentary 29. Nashville, Tenn.: Broadman & Holman, 1999.
- ———. "Paul's Apostolic Authority: The Power of Christ Sustaining Weakness." *Review and Expositor* 86 (1989): 371–389.
- Harris, Murray. *The Second Epistle to the Corinthians*. New International Greek Textual Commentary. Grand Rapids: Eerdmans, 2005.
- Kruse, Colin. *New Testament Models for Ministry: Jesus and Paul*. Nashville, Tenn.: Thomas Nelson, 1985.
- Martin, R. P. *2 Corinthians*. Word Biblical Commentary 40. Waco, Tex.: Word, 1986.

1. McKnight, Scot. *Pastor Paul: Nurturing a Culture of Christoformity in the Church*. Grand Rapids: Brazos, 2019.
2. Murphy-O'Connor, Jerome. *The Theology of the Second Letter to the Corinthians*. Cambridge: Cambridge University Press, 1991.
3. Myrick, A. "'Father' Imagery in 2 Corinthians 1–9 and Jewish Paternal Tradition." *Tyndale Bulletin* 47 (1996): 163–171.
4. Peterson, Brian K. *Eloquence and the Proclamation of the Gospel in Corinth*. Society of Biblical Literature Dissertation Series 163. Atlanta: Scholars Press, 1998.
5. Savage, Timothy B. *Power through Weakness: Paul's Understanding of Christian Ministry in 2 Corinthians*. Society for New Testament Studies Monograph Series 86. Cambridge: Cambridge University Press, 1996.
6. Thiselton, Anthony C. *The First Epistle to the Corinthians*. International Greek Textual Commentary. Grand Rapids: Eerdmans, 2000.
7. Thompson, James W. *Pastoral Ministry according to Paul*. Grand Rapids: Baker, 2006.
8. Ventura, Rob, and Jeremy Walker. *A Portrait of Paul: Identifying a True Minister of Christ*. Grand Rapids: Reformation Heritage Books, 2010.
9. Witherington, Ben. *Conflict and Community in Corinth: A Socio-Rhetorical Commentary on 1 and 2 Corinthians*. Grand Rapids: Eerdmans, 1995.